園庭を豊かな育ちの場に
質向上のためのヒントと事例

ひかりのくに

はじめに

　人生の最初期である乳幼児期。この時期の最も活動的な時間を、多くの子どもたちは現在、保育所や幼稚園、認定こども園など、「園」という場で過ごすことが多くなっています。そして園生活の中でも、幼児期の子どもたちの多くは、園庭や戸外で、午前および午後の計4時間ほどの時間を過ごしていることが、私たち東京大学大学院教育学研究科附属発達保育実践政策学センター（Cedep）園庭調査研究グループが行なった調査で分かっています。つまり園生活の中心的な場の一つが、保育室と並んで園庭などの戸外環境であると言えます。日本の教育の大きな特徴の一つは、「知・徳・体」と呼ばれるように、心身の健やかな育ち、全人的な育ちを目指し、子どもを人生の最初期から慈しみ、大事にしてきていることにあります。そしてそのために、「環境を通して行う保育」に価値を置く我が国の保育・幼児教育において、園庭や地域等の戸外環境で、子どもがどのような事物と出会い、いかなる経験を積み重ねてきているのかという経験の質が、保育の質に直結することになります。

　保育の質の確保・向上は、国際的にも重要なこととして政策にも反映されています。しかし、具体的にその保育の質に、園庭がどのように関与するのかという質の視点は必ずしも十分にまだ議論されてきているとは言えません。園庭の面積のことはよく取り上げられますが、それだけでよいでしょうか。子どもにとってどのような経験が必要か、またその子どもたちに直接関わる保育者や保護者にとってもどのような園庭や戸外環境がその経験の保障のために大事なのかを考えたいというのが、本書の出発点です。

　この本を手に取った皆様は、園庭と聴くとどのような風景を思い浮かべられるでしょうか。私たちが気付いたのは、幼児期の園での思い出を振り返ってもらうと、園庭のことが思い出される人が多いということであり、園庭が園の原風景にもなって生涯の記憶になってきているということです。そして今、都市化現象が進んでいます。その中でこれからの子どもたちにとって、どんな園庭であってほしいと願っておられますか。また大人の願いや思いと同時に、子ども自身は園の園庭ではどんな場所が好きなのでしょうか。また保護者にとってはどうでしょうか。

　私たちの研究は、子どもたちはどんな遊びの場を求め、そして子どもの育ちにとってどのような場の保障が必要なのだろうか、という、問いから始まりました。ビル内の小さな保育所なども増えています。また大人自身も、第一次産業が中心であった労働集約型

の時代から現在では知識集約型の時代と言われるように、デスクワークで情報を中心にサービスや価値が生まれる時代になっています。しかし一方で人間は、生き物であり、動物であり、自然環境にふれたり運動したりすることが、健やかな育ちにとってどのような時代においても必要であることは言うまでもありません。

　現在も法令上は、幼稚園においては「運動場」、保育所では「屋外遊技場」が正式名称です。幼保連携型認定こども園のみが、平成26年の認定こども園法施工規則の制定によって「園庭」の名称となりました。しかし現在の乳幼児期の子どもが暮らす園庭には、運動場と遊技場の機能だけではない機能が埋め込まれています。それを実証的に示していきたいという思いから調査研究は始まりました。

　本書は、全国の認定こども園や保育所・幼稚園にご協力いただいた日本で初めての全国規模の調査に基づいており、それらの協力園のいくつかの園には訪問して直接お話を伺いながら、子どもたちが、豊かな経験をするための知恵を集めた本です。造園や建築と言うハード面の専門家ではない私たちは、すでにある園庭、あるいはない場合にはその代わりに行なっている工夫など、ソフトウェア、ヒューマンウェアの視点から園庭を考えたいと思ってこの本を創っています。掲載園の知恵とご協力があっての本となっています。立派な園庭、広い園庭だけではなく、狭くても創意工夫がなされた園庭も本書では取り上げています。また、乳児保育が増えているのに注目されてこなかった未満児園庭の工夫なども含めました。これからの時代の園庭の姿を考えていきたいと、事例をご紹介しています。デジタル時代になっても、持続可能な社会と地球環境を求めて、自然の中で多様な生物と共生できる子どもたちを育てる使命を私たちは持っていると思います。また地域とのつながりの核となる場としても園庭はあります。本書がそのために、園の中や地域の中で、日本の中での対話の一助になればありがたく思います。本書作成編集には、ひかりのくに編集部安部鷹彦さんに大変お世話になりました。心から感謝申し上げます。

　２０１９年８月

著者を代表して　秋田喜代美

CONTENT

はじめに

第1章 子どもの遊びを保障する「園庭と拡張された園庭」の質 ……………… 8
園庭の質向上とかけがえのなさ（エクセレンス）をめざすデザイン原則 ………… 10
「拡張された園庭」としての地域 ……………………………………………………… 12
持続可能な社会や環境と生物多様性を学ぶ場として ………………………………… 13
子どもの視点から園庭を見るとは？ …………………………………………………… 14

第2章 様々な視点からみる園庭の質 …………………………………………… 16

①構造の質
園庭の物理的環境を考えてみましょう ……………………………………………… 18
　園庭には、どんな要素が必要？ ………………………………………………… 18
　園庭環境多様性指標 ……………………………………………………………… 19
　　1．土遊び場・砂遊び場 ……………………………………………………… 19
　　2．水遊び場 …………………………………………………………………… 20
　　3．芝生地・雑草地 …………………………………………………………… 21
　　4．樹木・ツル性植物 ………………………………………………………… 22
　　5．菜園・花壇 ………………………………………………………………… 24
　　6．飼育動物 …………………………………………………………………… 25
　　7．築山・斜面 ………………………………………………………………… 26
　　8．遊具 ………………………………………………………………………… 27
　　9．ひらけたスペース ………………………………………………………… 28
　　10．道具や素材 ………………………………………………………………… 28
　　11．休憩や穏やかな活動の場所 ……………………………………………… 29
　　12．日よけ ……………………………………………………………………… 30
　　13．園庭と園舎のつながり（中間領域） …………………………………… 30
　　14．全体的な配置 ……………………………………………………………… 31
　　15．保護者や地域の方々との交流の場所 …………………………………… 32
　　その他．屋上・ベランダ …………………………………………………… 32
　園で取り組まれている、その他の物理的環境 ………………………………… 33
調査結果・レビュー ………………………………………………………………… 34
　物理的環境の多様性と子どもにとって ………………………………………… 34
　園庭や地域での物理的環境の実態 ……………………………………………… 34
知恵袋 ………………………………………………………………………………… 35

②志向性の質
園庭での保育で、何を大切にしていますか？ …………………………………… 36
　経験や育ち、何が必要？ ………………………………………………………… 36
　　1．「大切にしていること」を考える視点 ………………………………… 37
　　2-1．1つの項目（自然）にしぼって考えてみると ………………………… 38
　　2-2．1つの項目（体力や運動）にしぼって考えてみると ………………… 39
　　2-3．1つの項目（リスク）にしぼって考えてみると ……………………… 40
　　3．他にも以下のような視点があります ……………………………………… 42
調査結果・レビュー ………………………………………………………………… 43
知恵袋 ………………………………………………………………………………… 44

③プロセスの質＜ルール＞
園庭でのルールを考える …………………………………………………………… 46
　あなたの園には、どんな決まりがありますか？ ……………………………… 46
　　1．ルールの具体例 …………………………………………………………… 47
　　2．園内でのルールの共有方法 ……………………………………………… 48
　　3．ルールの背景にあるもの ………………………………………………… 49
　　4．環境に応じて考える ……………………………………………………… 50

5．子どもによる決定……………51
　　　6．保護者との共有……………52
　　調査結果・レビュー………………53
　　知恵袋………………………………54
④プロセスの質＜子どもの経験＞
　子どもの経験から
　　考えてみましょう………………56
　園庭の遊び場の環境を考える………56
　　1．活動の流れ…………………56
　　2．子どもの視点………………57
　　3．子どもの経験を
　　　　より深く捉える視点…………58
　子どもが好きな11の場の特徴………59
　　1．隠れて遊べる場……………59
　　2．過去の経験が思い出される場……59
　　3．多様性、選択可能性がある場……60
　　4．挑戦ができる場……………60
　　5．他者から大きな刺激が得られる場……60
　　6．幼児なりのルールや
　　　　決まりが生まれる場…………61
　　7．誰か（何か）と出会う
　　　　ことができる場………………61
　　8．願いや望みをもつことができる場……61
　　9．常にある場…………………62
　　10．めまい（回転の揺れや落下の
　　　　スピード感など）を感じる場………62
　　11．高低差がある場……………62
　地域環境における子どもの視点………63
　調査結果・レビュー………………64
　　1．屋内環境・屋外環境・中間環境
　　　　それぞれの調査をしました…………64
　　2．保育者は"幼児の好きな
　　　　遊び場"の特徴を
　　　　このように捉えています……………64
　　3．保育者は"子どもの好きな
　　　　遊び場の機能"からこのような
　　　　場を想定しています……………64

　　知恵袋………………………………65
⑤モニタリングの質
　情報共有　情報共有を考える
　　園庭研修のすすめ………………66
　園運営に欠かせない「情報共有」……66
　　1．園庭での子どもの体験を伝え合う…67
　　2．日々の気付きを共有する
　　　　スタッフルームを変えていく………68
　　3．園庭での様子を伝えていく
　　　　園外に伝えていくことを意識して……69
　　4．伝え合う関係を築く…………71
　調査結果・レビュー……………… 72
　知恵袋………………………………73
⑥コミュニティーの質
　地域や保護者の方とは
　　どのように関わっていますか？………74
　拡張された園庭………………………74
　課題、難しさ…………………………74
「拡張された園庭」としての地域…………75
　　1．自園の周辺環境の特徴を生かす……75
　　2．本物から学ぶ………………76
　　3．地域資源を園庭の素材として
　　　　いただく…………………76
　保護者との関わり……………………77
　　1．交流の場をつくる …………77
　　2．日頃の情報共有……………77
　　3．園庭づくりや行事等への参加の
　　　　機会をつくる………………78
　園庭と世代間交流……………………79
　　1．乳幼児と高齢者の
　　　　交わりの中で育つ……………79
　　2．園庭は交流の場……………79
　　3．四季の変化を学ぶ環境………79
　　4．共同作業で、知恵を伝承………80
　　5．異年齢とのイベント交流………80
　調査結果・レビュー……………… 81

第2章 様々な視点からみる園庭の質

園外に向けてのつながりを豊かに
子どもたちの育つ姿。共に
見つめるきっかけとして…………82
- 保護者の方と…………………………82
- 園から地域へ…………………………82

子どもたちが暮らしていく街との
交流。生まれるきっかけとして……83
- 園庭で　世代を超えて ………………83
- 地域の方へ……………………………83

総括……………………………………84
子どもの経験をより豊かに ……………85

コラム
先行研究から考える、
園庭環境と子どもの育ち …………86
自然が子どもの発達に
及ぼす影響・研究…………………87
- 自然の中での子どもたちの育ち〜
- 先行研究から示されていること〜……87

第3章 事例で考える園庭の質……………………………………………………88

改修を試みるということについて………89
3歳未満児の園庭を考える……………89
制約がある中での工夫………………89

改修を試みた園の事例……………………90
- 大規模な改修（環境設定）……………90
- 少しずつの改修（環境設定）…………90
  - 職員で、そして保護者と話し合い
  - 一歩一歩………………………………91
  - 子どもの姿から少しずつ ……………92
    - 多面的なアプローチを（子どもとルール
    - を作る・親や地域を巻き込む）………93
  - 子どもの様子や活動について日々
  - 話し合いながら、環境を調整…………94
  - 保育の出来事や関わりの中で模索………95
  - 既存の環境を生かす……………………96

改修への視点：4つの視点のご提案 ……97

未満児の園庭………………………………98

1. 園庭環境全体を見ると……………98
2. 未満児のための環境を
  どう考えるのか…分ける？
  ともに過ごす？……………………98
  - 発達特性を踏まえた環境の実現…………99
  - 未満児の感性や物語を支える……………100
  - つながる・ゆるやかに住み分ける………101

未満児の園庭について
考えるポイントは？……………102

制約がある中での工夫………………103
- 予算や制度上の制約…………………103
- 小スペースでの工夫…………………103
  - '端''脇''裏'を活かす・様々な草花を
  - 育てて動植物と触れ合える環境を……104
  - 子どもたち自身が自分の環境を考え、
  - 創造していく場所として……………105
  - 様々な道具や素材を取り入れ、主体的・
  - 創造的に遊べるように………………106
  - 時期に応じた柔軟な設定・
  - 季節による変化………………………107
  - 空間の特性や子どもの発想を生かす・
  - 組み合わせや高さ方向に工夫する ……108

制約から考える工夫のポイントは？……109

総括 ……………………………………110
より良い園庭環境に向けて・
未満児の環境・制約のある
環境においては ……………111

コラム
国際的動向………………………112

第4章 園庭について研修をしたい方へ……116

**このような研修やワークショップ、
　研究支援を実施しています**……117
　1．園内で：園全体で考えや視点を
　　共有する・子どもの姿から環境や
　　活動を考える……117
　2．園をこえて：工夫や課題、
　　想いを共有→自園を振り返る・
　　地域で協同する……117
　3．子どもと：「好きな場所」や「こんな
　　ことしたい・こんな環境があったら
　　いいな」を話し合おう……117
　4．保護者と：考え方や想いを
　　共有し話し合おう……117
引用・参考文献……118

1・2章写真掲載園一覧……120
**おわりに：これまでの報告について・
　今後の展望**……121
　1．リーフレット：「子どもの経験を
　　豊かに」のアンケート結果……121
　2．進行中の調査研究と今後の展望……121
おわりに・著者より一言ずつ……122
資料
　園庭に関する質問紙調査の内容……124
　付録：園庭・戸外環境についての
　　振り返りシート……125
　1. 子どもの姿から考えていく改善……125
　2. 願いやねらいから考えていく改善……126
　3. 課題や起きた問題から考えていく改善……127

第1章
子どもの遊びを保障する「園庭と拡張された園庭」の質

　第1章では、本書で大事にしている4つの考え方とモザイク・アプローチを紹介します。まず第1に「園庭における保育の質」とは何だろうか、第2にその「質向上のためのデザイン原則」として環境デザインのために何を大事にしたいのか、第3に園庭だけではなく「拡張された園庭」としての地域がなぜ今求められるのか、そして第4に「持続可能な環境と生物多様性」です。各園が考える園庭の工夫と同時に、各地域の独自性、四季と森林に恵まれた日本という国土の特徴、そして地球環境規模でなぜ環境保護と生物性のそれぞれを意識することが長期的に必要であり、その最初の一歩が園庭にあるのかという発想をご紹介したいと思います。

園庭の質

園庭ときくと、皆さんはどんな園庭を思い浮かべるでしょうか。広いグラウンド、遊具がいっぱいある庭、築山や自然物がある庭などいろいろな園の姿があるでしょう。地勢や地域によって二つと同じ庭はありません。その中で質を考えるとはどのようなことでしょうか。

園庭について、「質」を考えるというとまず「質って何？」という方がおられるでしょう。「保育の質」には、いろいろな考え方がありますが、以下の図1のようにいろいろな要素から成り立つものとして整理することができます。この保育の質の考え方を園庭という具体的な場に限定してもっと具体的に考えてみることで、いろいろな視点から園庭を見詰め直すことができるのではないか。これが私たちの考え方の出発点です。

図1　保育の「質」の捉え方

図2　園庭を「質」からみる

上記のような流れは図では一方向の矢印になっていますが相互に関わり合いながら進んでいます。志向性として何を大事にし、何を目標としているのか、そして園において何を経験させたいのかです。それに対して構造の質では何がどこにどのように配置されているのか、具体的にその場で大事にしている事柄を具現化しているのは「何か」です。それによってその場に時には名前がついたりします。

例えば左頁下の写真のようにおひさまひろばという名称がつくことによって、子どもたちにとってはその場が意味をもつものになったりします。そしてそこでの日々の関わりが経験の質となり、それを更にどのように職員で共有し見直しているのかが、マネジメントでありモニタリングの質ということになります。

また質に関しては、客観的に一定の基準が保たれることを「質の確保」、さらにそこから創意工夫しながら自分たちが大事と思うことについてより良くしていくことを「質の向上」と呼んでいます。そこにおいては一般的、全般的な質の良し悪しが問われています。

それに対して、近年、個人やその集団の多様性に応じて、きめ細やかに対応することで、そこにいる人のニーズを満たし、本当に満足や喜び、ワクワク感のような感情がもたらされているか、新たな価値を生むものになっているものかということも問われています。医療や福祉等のサービスの分野では「サービスエクセレンス（卓越性）」と呼ばれています。子どもにとって、また保育者や保護者にとって、園庭がどのような場になっているのというそれぞれにとっての独自の経験の価値や意味を問うことが園庭の質のエクセレンスと言うことができます。

図3　質に関わる3ステップ

幼稚園の父と言われるフレーベルは、「自然をよく知り、それと融合することは一面から見ると、個々人ならびに全人類の実りの多いかつ祝福に満ちた教育および陶冶の確たる基礎なのである・・・幼稚園の思想は、必然的に一つの庭を要求し、さらにその庭の中に、子どもたちのためのもろもろの庭を要求する。」（フレーベル全集4「幼稚園における子どもたちの庭」）と言っています。では、子どもにとって求められる「もろもろの庭」とは現代において何でしょうか。ひとつの庭だけではなくその中にもろもろの庭を考えることが質を問うことになるのではないでしょうか。

園庭の質向上とかけがえのなさ（エクセレンス）をめざすデザイン原則

倉橋惣三が述べた最高の教育の場としての園庭とその条件

　日本の幼児教育の父とも呼ばれる初代保育学会会長の倉橋惣三は遊園（園庭）の必要性を1914年、今から105年前に、遊園は幼稚園の設備の中で最も充分なる条件を完備しうる場、最も良き保育の場は「広き遊園」であると「婦人と子ども」14巻7号の論文中で述べています。幼児教育の主要なる設備たる性能を存分に発揮し得ないのは、一つには、学校教育における運動場の目的と幼稚園の目的との混同であり、学校教育の運動場は休憩と体育という特定教科の場所であるのに対し、幼稚園では、全部の教育を行うことのできる場だとしています。またもう一つの混同は、いわゆる鑑賞する庭園との混同だとしています。そして理想として3点の条件を挙げています。

（イ）なるべく広いがよいことは言うまでもないが、できることならばさまざまな地形の変化を含むものであるとよい。殊に、斜面は最も必要。
（ロ）全体の調子がなるべく自然であり、人工的に作ったものと言う感じを少なくしたい。
（ハ）清楚なる趣味を具えるものでありたい。幼児本位のものでなければならない。

　そして戸外遊戯だけではなく、集めてお話をする、室内玩具や鉛筆、粘土等を出して行うこともでき、風涼しい緑陰、日光の直射を防ぐ簡易の天幕、芦簾張りがあればよいとしています。

倉橋惣三

　倉橋は、園庭の広さだけではなく、地形の多様性が様々な動きや経験を引きだすこと、また園庭全体のあり方を子どもの視点から見ること、そして大人が室内遊びと戸外遊びを分けるのではなく、室内の活動を戸外でも行ってみるなどというつながりやそのための場の工夫を述べています。学校の場が空間と機能が一対一であることが多いのに対して、園は空間と機能が多様で複雑に関係し対応しています。この指摘は、私たちが今園庭の価値を考え、振り返る時にも大事な視点のひとつとなるのではないでしょうか。さまざまな園庭を見せていただくと、園庭をいろいろな観点から見直してみることが、子どもたちの遊びとくらしの経験をより豊かにしていくと感じます。

園環境デザイン・リデザインのための原則

　質向上を図るには、2つのアプローチをとるという原則が大事でしょう。

①他園の工夫から学び、園庭についての知識を広げ深めることです。保育室は一つの園の中に複数あるので互いに保育室を見合いその工夫を学ぶこともできます。しかし園庭は多くの園では一つです。だからそれを当たり前のもの、固定したものとして見がちです。でも他園の事例を知ることで、必ずその工夫の中に使える知恵があります。是非本書をそのカタログとして使っていただければと思います。またそこから自園にしかないかけがえのなさ（エクセレンス）を見出すこともできます。狭小であったり、地形的に使いにくい形であったりしても、逆転の発想で「だからこそ」の工夫もあります。

②自園の園庭をいろいろな視点から分けてみることで見直すという発想です。右頁図に示したようにA空間、B時間、C人（子どもの経験と交わり）、D植栽や道具などから見てみます。丸ごと全体像を見るだけではなく、分けて捉え語ってみることで見えてくることもあります。つまり、園庭での子どもの姿をいろいろな視点で見てみよう！ということです。

園庭リデザインのために

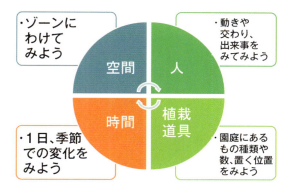

A　空間　園庭をゾーンに分けてそれぞれにどんな年齢のどんな子がそこをよく使っているか、子どもにとってどんな働きがあるかを見てみましょう。

B　時間　1日の中で園庭をどのようにクラスで、活動によってどのように使っているでしょうか。
　園庭での夢中になって遊んでいる場と時間を見てみると工夫が生まれてくるでしょう。また四季折々でどんな違いがありますか。以下の写真は入園当初は平らな園庭の地面に穴を掘ったりしながら子どもの育ちとともに園庭を変えている写真です。繰り返して遊べる場であると同時に、時に変化がどのようにして生まれているでしょうか。

4月から12月にかけての同じ場の変化

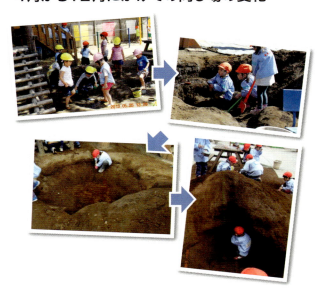

C　人　園庭で何種類のどんな動きが生まれているでしょうか（例えば、座る、寝転ぶ、転がる、渡る、ぶら下がる、走る、跳ぶ、登る、よける、すべる、投げる、蹴る、こぐ、掘る、押すなどの動きがどこで生まれていますか）。またそこではどのように同年齢や異年齢が交わったり、隔てられたりしているでしょうか。
　ある園長先生が「園庭でおなかがすく遊びをしている子、すかない子はどの子かな」と子どもの動きを見てみることで、夢中になっていても運動量の少ない子、多い子などがいることを指摘されていました。園庭でのその活動が昼食やお昼寝と関わっていることを意識されているわけです。園庭の経験の充実と同時に、1日の生活の流れの中で出会いと交わりをみてみると園庭での姿を違う目で見ることができるかもしれません。

D　植栽や道具　園庭にあるもので、移動できないものとできるものがあります。どこに置くかで子どもの動線も大きく変わります。また気づくかどうかも変わるでしょう。
　何もなかった砂地にクローバーをまいてみたことでその場での子どもたちの遊びも変わった園もあります。

　本書では、質という視点から様々な園の事例とともに、全国ではどんなことが多いかを示しています。つまり左頁①学びの原則のために他園を観る機会がない方のために2章の各項目では具体的に多様な事例を写真を含め示しています。それらを見ながら、更にそれらの事例とつないで、自園を左頁②いろいろな視点も含め、見直してみていただくことがリデザインのきっかけになるのではないかと思います。

「拡張された園庭」としての地域

園庭がない園、狭い園も数多くあります。例えば、2016年の〈保育園を考える親の会〉の報告によれば、認可保育園の園庭実態調査では、協力自治体の園庭保有率は78.1％であり2割以上がないこと、東京中心部では3割にも満たないとしています（仙田、2016）。そうした園でも、近隣の公園などに毎日お散歩に行くなど、子どもたちが安心して繰り返し遊び関われる場があることが大事でしょう。

私たちはこうした地域の中の場所を、園の塀や囲いという境を超えて、地域に子どもが出て地域の人とつながる場と言う意味で、「拡張された園庭」と名づけ呼ぶことにしました。だからといって園庭は要らないという意味ではありません。園庭だからこそ、子どもの成長に合わせて、自分たちで自由に環境を構成し手を加えることができます。またその園舎と園庭、そしてその中間領域であるデッキやベランダもまたとても大事な機能を果たしています。しかし、現実にない場合にもそこに新たな価値を考えることができるのではないかと考えています。毎日通る道だからこその、地域の人との出会いやふれあい、交通安全のルールを知り、自分で自分の安全のための歩き方を知るなどの経験も可能でしょうし、地域のお祭りやお店を見てそれが園でのごっこ遊びに生きるなどのこともあるでしょう。写真は、企業のビルの屋上菜園に園の子どもたちがお邪魔してそこで栽培をしたり収穫の経験をさせてもらったりしている姿です。こうしたことで、子どもたちは園庭はなくても、その企業の担当の人も含めての環が広がったりもしています。

また園から地域へという流れだけではなく、休日に園庭を開放したり地域の方が園へということも生じます。また地域の方が見守りにきてくれたり、隣接する高齢者ホームの方との世代間交流をしたりなども生まれます。

拡張された園庭を通して、地域の社会文化と子どもが出会うインターフェース（接面）にもなります。園の周りの地図を見ながら、子どもと地域の自然や文化との交流を考えてみるきっかけも生まれます。この発想から、園庭を子ども同士や子どもと保育者だけではなく、クラスや園を超えた地域の人との交流の姿をコミュニティの質としてご紹介しています。公立か私立や民営かではなく、拡張された園庭は、多様な人が出会い交わる場となります。また園庭も時に保護者をはじめいろいろな人が交わる場としての可能性も持つのではないでしょうか。園庭や拡張された園庭としての地域の場を、多様な人が集い交わり憩う場としての公共空間として考えていくことが、これからの未来を担う子どもたちにとって意味ある場になるのではないでしょうか。

持続可能な社会や環境と生物多様性を学ぶ場として

園庭で、子どもたちは、雨や風、光などによっていろいろな自然現象を経験し、また土や泥、水などにふれ、そして自然の中で生きる生物や動植物と関わっていきます。レイチェル・カーソンは著書「センス・オブ・ワンダー」の中で次のように述べています。

「人間を超えた存在を意識し、おそれ、驚嘆する感性をはぐくみ強めていくことは、どのような意義があるのでしょうか。自然界を探検することは、貴重な子ども時代をすごす愉快で楽しい方法の一つにすぎないのでしょうか。それとも、もっと深いなにかがあるのでしょうか。わたしはそのなかに、永続的で意義深いなにかがあると信じています。」「美しいものを美しいと感じる感覚、新しいものや未知なものにふれたときの感激、思いやり、憐れみ、賛嘆や愛情などのさまざまな形の感情がひとたびよびさまされると、次はその対象となるものについてもっとよく知りたいと思うようになります。」
（レイチェル・カーソン, 1996）

園庭に身を置き、たたずむことで、子どもたちは、遊び暮らすだけではなく、そこで感性や好奇心を育みます。また同時に、目には見えないことですが、自然事象は、人間の思い通りにならないことを飼育栽培などをしながら知ります。また自然の生き物に愛着をもつ中で、虫といってもいろいろな種類がいることや、虫がいるとそこに食べ物となる花の蜜や実があり、その虫を食べに来る鳥もいること、に気付くなど、自然の多様性やその間のつながりを感じ取っていったりします。そしてその中で生命や資源は有限であり、誕生から死までの命があって命が次の世代へ受け継がれていくこと、動植物が死ぬとミミズなど分解者に食べられ、そのフンが土に還り、植物の栄養になること。そして私たちが使う水は、雨から来て、そして大地や川や海に流れていくこと、また空に戻っていくこと。こうした命や資源の'循環'を園の中で様々な自然と関わることを通して体感しながら学んでいきます。更に自然の多様性やつながりの上に、衣食住という人の暮らしが成り立っていることを、栽培活動や園庭づくりを通して子どもたちは体験することができます。また、生き物が暮らしやすい園庭を子どもと一緒に考え作りながら、地球のために行動していくこともできるでしょう。園庭で育つことには、運動能力や好奇心、仲間関係だけではなく、命ある環境を大事にし、自然とともに暮らしていこうとする意識も育てているといえるでしょう。そしてこのように多様性やつながりを体感することが、人一人ひとりの個性、人による違いとしての多様性を大事にし、そうした多様な個がともに関わり合って暮らす根っこを培っていくことにもつながります。図は、ハーバード大学のマンシーヤ教授が、幼児が自然環境との関わりを通してどのような経験をしていくのかを述べているものです。

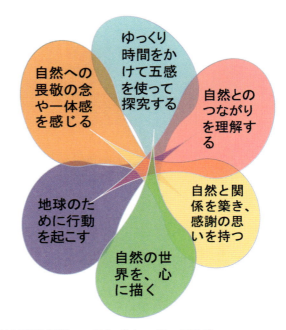

地域環境保護への視点（Mansilla, 2019）

グローバルというと私たちはすぐに国際化などを考えがちです。しかし地球環境を大事にする命あるものの共生の意識を育てる第一歩が、園庭での経験の中にあるのではないでしょうか。だから園庭は、これからに求められる最も大事な資質能力を育てていく場であり、それはフレーベルや倉橋惣三の時代から今日、そして未来でも変わらないでしょう。

では、といっても全国の園で子ども達は今どのような経験を園庭と言う場でしているのか、そのために保育者はどのような工夫をしているのか、その実態の傾向と各園の工夫を第2章では順にご紹介していきます。

子どもの視点から園庭を見るとは？
― モザイク・アプローチを活用して

　保育者にとって屋内環境は、環境構成をする際に比較的取り組みやすい場所ですが、戸外環境である園庭は、なかなか手を出しにくい場所だと言われています。それは、第一に屋内環境は道具や遊具が比較的移動しやすいけれども、戸外環境は固定遊具のように移動しづらいものが多く、手軽に環境を変えにくいことが関係しています。第二に、屋内環境は担任や学年間といった少人数での合意によってすぐに変更可能な場所ですが、屋外環境はより多くの学年が活用する場であるからこそ、発達段階が異なる子ども一人ひとりを網羅するような環境の設定が難しく、また大きな職員集団の合意が必要になるといった手続きの煩雑さが挙げられます。

　しかし、園庭もまた屋内環境と同様に、子どもの育ちを促す環境の一つです。環境を変えることも大事ですが、場所が持つ意味を考え、理解し、捉え直すこともまた有効です。

　これまで、園庭は「子どもの発達」を願う大人の視点から環境が見られてきました。しかし、子どもの視点で見ると、大人が思っている以上の意味を場所に付与していることがわかります。

　そこで、ここでは園庭環境を考える一つの観点として「子どもの視点」で環境を捉えてみる理論に触れてみたいと思います。

子どもの視点で場を捉えるモザイク・アプローチって何？

　モザイク・アプローチを用いることの意義は何でしょうか？それは、自園の園庭が持つ場の意味を多様な視点で捉えることを可能にしてくれることです。モザイク・アプローチは、園庭を保育者の視点だけでなく、子どもの視点からも考えてみることを可能にします。そのことで「この場にこんな意味が付けられていたの？」「このようなモノを置いてみたら面白いね」と園庭環境に対して柔軟な発想が生まれてくるかもしれません。園庭環境に対して保育室の環境を変えるように、子どもの視点に出会い、そして子どもとともに取り組んでみてはいかがでしょうか？園庭環境に対して、多様な視点で考え直すといった小さな一歩を踏み出すことで、園庭は多様な世界を皆さんに提示してくれるでしょう。ここでは、その視点を開拓する一つのツールとして、モザイク・アプローチについて説明をします。

　モザイク・アプローチは、「子どもは生活の主体者である」といった見方が子どもの権利条約によって主張され始めた時から、徐々にヨーロッパ圏を中心に注目され、深められていった理論です。特に、子どもはケアを受ける存在かつ場を提供される「受け身の存在」としてではなく、「今を生きる存在」であり、社会を構成する一員として肯定的に捉えようとする思想が背景にあります（Qvortrup, 1994; Mayall, 2002 など）。

　この見方は、地域社会において最もか弱い存在であり、声を持たない存在としてこれまで見られていた乳幼児の声を可視化することを可能にしました。モザイク・アプローチは、特に言葉の獲得が未完な乳幼児期の声を拾い上げ、声にならない"声"を聴くために、視覚に訴えることや、視覚の情報を可視化する媒体を通して、本人の言葉や思いを紡ぐことを目的として開発された一つのツールだと言えます。

　このアプローチの理論的背景には、イタリアのレッジョ・エミリア市の保育実践とその思想が挙げられます。レッジョ・エミリアは、子どもの多様性を"子どもたちの100の言葉"と表現しました。

　モザイク・アプローチは、徹底して子どもの声に耳を傾けることを大切にします。それは子どもが思いを表出し、その声を聴き届ける実践として保育を構築しようとするレッジョ・エミリアの「聴くことの教育」という思想から学びを得ています。そして、一人ひとりの子どもの世界のイメージを"モザイク"として捉え、個々人のモザイクが織り成されて一つの世界のイメージが多層的に構築されていくさまから名前が付きました。

モザイク・アプローチは、子どもの参加型のツールとして"カメラ"や"描画"を用います。"カメラ"の場合、子どもはカメラを持ち園内を散策しながら（これをツアーと呼びます）、思うままに撮っていきます。観察者は子どもにインタビューをしながら、子どもの視点や解釈をその都度確認していきます。"描画"を用いる場合は、子どもが自分のイメージの世界を表した描画の一つ一つに込められた思いをインタビューしていきます。最終的には、子どもが撮った写真や描画を用いて地図を作ります。

　この可視化された地図をもとに、子ども・親・保育者は言葉を交わしながら、子ども独自の世界のイメージを解釈し、共有していきます（これをマジック・カーペットと言います）。このような点から、モザイク・アプローチは、子どもの視点から子どもの場のあり方を多様な立ち位置から丁寧に見ていく中で、場が多元的に解釈される可能性を提示することができる一つのツールとして保育現場に有用な方法になります。

モザイク・アプローチを詳しく見てみましょう

1. モザイク・アプローチの要素

①子どもの多様な声や言葉を認識・理解すること（マルチ・メソッド）

②子どもは生活の主人公であり、生活の主体者であるといった熟達する存在としてみること（参加）

③意味を振り返り、子ども、保育者、親を共に解釈し合い、対処すること（再帰性）

④多様な乳幼児施設においても応用されるべきもの（適応）

⑤経験は与えられるものだけではなく、自身が探究することで見出すものもあること（子どもの生活の尊重）

⑥評価と共に、実践に取り入れる可能性を持つツールであること（実践への組み込み）

2. モザイク・アプローチの可能性

①子どもの視点と大人の視点を可能な限り近づけること

②環境や素材・教材のあり方について問い直し議論できること

③継続していくことや変化していくことを受け入れて楽しむこと

(Tisdall, 2016) 参照

第2章 様々な視点からみる園庭の質

この本は、以下の調査結果に基づいて作成されました

園庭に関する調査

- ◆目的：園庭の全国的な傾向を明らかにし、実践での工夫や課題について検討し、今後の園庭環境のあり方や必要な施策などについての示唆を得ること。
- ◆時期：2016年10月〜2017年1月
- ◆方法：（1）園庭の改修を行った、あるいは日々の改修に取り組んでいる園を訪問し、お話を伺いました。
  （2）全国の認定こども園と東京都の各種施設（幼稚園・保育所・認証保育所・小規模保育所等含む）、計1740園の協力で質問紙調査を実施しました。内容は「1. 園庭の状況について」「2. 子どもの活動について」「3. 取り組みや大切にしたいことについて」の3パートで構成されています（著書の末尾資料参照）。 1.では幼稚園施設整備指針をもとに、2.では本グループが実施した「子どもの遊び観」研究知見をもとに、3.では（1）のインタビュー結果等をもとにして項目を作成しました。
- ◆分析：（1）では語っていただいた内容を複数の視点から分析し、改修の経緯や危険への配慮等について示しました。（2）では園庭環境の全体的な傾向に加え、各項目（子どもの活動、大切にしていること、ルール等）との関連を分析しました。

Cedepのシンポジウム（2017年8月）にてご報告しました。実践に活かすためのリーフレット「子どもの経験をより豊かに 園庭の質向上のためのひと工夫へのいざない」（2018年1月）を作成しました。

調査・分析の結果は、各章の末尾でご紹介しています。
(p. 34, 43, 53, 64, 72, 81 参照)

第2章　様々な視点からみる園庭の質

第2章の見方

それぞれの章はこのように構成されています

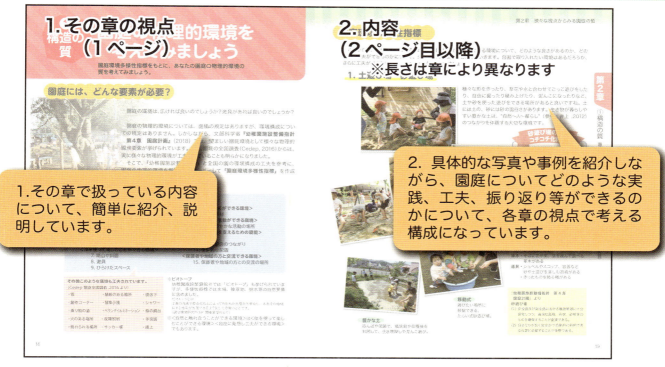

1. その章で扱っている内容について、簡単に紹介、説明しています。

2. 具体的な写真や事例を紹介しながら、園庭についてどのような実践、工夫、振り返り等ができるのかについて、各章の視点で考える構成になっています。

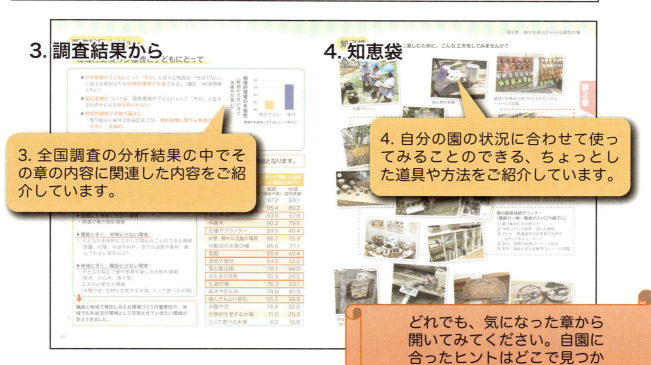

3. 全国調査の分析結果の中でその章の内容に関連した内容をご紹介しています。

4. 自分の園の状況に合わせて使ってみることのできる、ちょっとした道具や方法をご紹介しています。

どれでも、気になった章から開いてみてください。自園に合ったヒントはどこで見つかるでしょうか・・・

① 構造の質

園庭の物理的環境を考えてみましょう

園庭環境多様性指標をもとに、あなたの園庭の物理的環境の質を考えてみましょう。

園庭には、どんな要素が必要？

園庭の環境は、広ければ良いのでしょうか？遊具があれば良いのでしょうか？

園庭の物理的環境については、面積の規定はありますが、環境構成についての規定はありません。しかしながら、文部科学省『**幼稚園施設整備指針 第4章 園庭計画**』(2018)では、望ましい園庭環境として様々な物理的環境要素が挙げられています。また、園庭の全国調査(Cedep, 2016)からは、実に様々な物理的環境が工夫されていることも明らかになりました。

そこで、『幼稚園施設整備指針』と全国の園の環境構成の工夫を参考に、園庭の物理的環境を振り返るスケールとして**「園庭環境多様性指標」**を作成しました（Cedep, 2017）。

園庭環境多様性指標　15項目

＜自然と触れ合うことができる環境＞
1. 土や砂遊び場
2. 水遊び場
3. 芝生地や雑草地
4. 樹木やツル性植物
5. 菜園や花壇
6. 飼育動物

＜体を使って楽しむことができる環境＞
7. 築山や斜面
8. 遊具
9. ひらけたスペース

＜自由に発想し工夫ができる環境＞
10. 道具や素材

＜休憩や穏やかな活動ができる環境＞
11. 休憩や穏やかな活動の場所

＜園庭全体の活動を支えるための環境＞
12. 日よけ
13. 園庭と園舎のつながり
14. 全体的な配置

＜保護者や地域の方と交流できる環境＞
15. 保護者や地域の方との交流の場所

その他このような環境も工夫されています。
（Cedep 園庭全国調査, 2016 より）

- 雪
- 創作コーナー
- 乗り物の道
- 火のある場所
- 隠れられる場所
- 屋根のある場所
- 冒険小屋
- ベランダイルミネーション
- 夜間照明
- サッカー場
- 園舎下
- シャワー
- 鳥の餌台
- 学習園
- 屋上

※ビオトープ
幼稚園施設整備指針では「ビオトープ」も挙げられていますが、多様性指標では水場、雑草地、樹木等の自然要素に含めました。
ビオトープとは…
工業の進展や都市化などによって失われた生態系を復元し、本来その地域にすむ生物が生息できるようにした空間のことです。
（国立環境研究所 HP 環境展望台より）

※＜自然と触れ合うことができる環境＞は＜体を使って楽しむことができる環境＞＜自由に発想し工夫ができる環境＞でもあります。

第2章 様々な視点からみる園庭の質

園庭環境多様性指標

　ここからは、多様性指標15項目とその他に園で取り組まれている環境について、どのような良さがあるのか、どのような工夫ができるのかについて、全国の園の写真をもとに見ていきます。自園で取り入れたい環境はあるだろうか、さらに工夫ができそうかな、といった視点で見てみましょう。

1. 土遊び場・砂遊び場

様々な形を作ったり、草花や水と合わせてごっこ遊びをしたり、自由に掘ったり積み上げたり、泥んこになったりなど、土や砂を使った遊びをできる場所があると良いですね。土には土の、砂には砂の面白さがあります。生き物が暮らしやすい豊かな土は、"自然〜人〜暮らし"（参考：井上,2012）のつながりを体験する大切な環境です。

砂遊び場のコチコチ化問題

多くの砂場で生じている「コチコチ」化の問題は、砂、シルトや粘土成分、礫（れき）が渾然一体となっているために生じています。
※ 幼児の活動を支える「適切な砂」（笠間,2018）
①95％以上の砂分を有する
②2mm以下のふるいにかける
③水による「洗い」の工程を経る

組み合せや配置
組み合せや配置を工夫すると、砂や土遊びもぐっと広がります。

水　・そばに蛇口がある
　　・たらいに水を張って置いておく
　　・ホースや雨樋を使って水を運ぶことができる、など
草木・そばに花や実、葉を摘んで遊べる草木がある
道具・ショベルやスコップ、容器など砂や土遊びを楽しむ道具がある
　　・作ったものを飾る棚がある

移動式
遊びたい場所に移動できる、たらい式砂遊び場。

豊かな土
田んぼや菜園で、栽培前や収穫後を利用して、生き物探しや泥んこ遊び。

『幼稚園施設整備指針　第4章 園庭計画』より
砂遊び場
(1) 安全面及び衛生面における維持管理に十分留意しつつ、適当な面積，形状，砂質等のものを確保することが重要である。
(2) 日当たりが良く安全かつ効果的に利用できる位置に計画することが重要である。

第2章 ①構造の質　園庭には、どんな要素が必要？／園庭環境多様性指標（構造の質）

2. 水遊び場

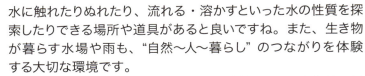

水に触れたりぬれたり、流れる・溶かすといった水の性質を探索したりできる場所や道具があると良いですね。また、生き物が暮らす水場や雨も、"自然〜人〜暮らし"のつながりを体験する大切な環境です。

子どもが遊びたいだけ遊べるように、着替えセットや水着、長靴は常備しておくのもおすすめです。

遊びスペースのそばに水場がなくても
- たらい
  使いたい場所に水を置くことができます。また、水を大切に使う機会にもなります。
- 雨樋や竹筒、ホース、ジョウロ
  子どもが工夫しながら水を流したり運んだりして遊ぶことができます。

自然の恵みを利用
- 地下水を利用した手押しポンプ
  体を使って水を得る楽しさを体験したり、地面の中にある水や地面と雨のつながりを学ぶ機会となります。
- 雨水タンク
  雨が降れば使える水が増え、降らなければ水が減る。雨と自分たちの水とのつながりを体験することができます。

生き物のための水場
生き物が暮らしやすい、より自然的な水場。生き物との出会いを楽しんだり、自然の不思議さを体験する場となります。

雨を楽しむ
雨の中、戸外に出て雨粒やいつもと違う様子を楽しんだり、雨あがりに水たまりで遊んだり。雨も大切な水遊び環境です。

季節限定！毎年恒例！手作り水遊び場
① 夏に向けて子どもたちと地面を掘って水路づくり。
② 保護者による手作りプール。

『幼稚園施設整備指針　第4章　園庭計画』より
水遊び場
（1）水質管理ができるプール等の水遊び場を計画することが望ましい。また、水質管理や利用形態に十分留意しつつ、幼児が楽しく遊べる小川や池、可動式の水遊び場を計画することも有効である。
（2）日当たりが良く、安全かつ衛生的に管理できる位置に計画することが重要である。また、必要に応じ、日除けのための設備を設置することが望ましい。

3. 芝生地・雑草地

園庭の一角に芝生地があると、汚れや転ぶ痛さを気にせず、座り込んだり転がったりと低い姿勢で遊びやすくなります。ひらけたスペース（P28）と合わせるのも良いでしょう。芝の維持管理は「雑草と共存」というおおらかな感覚がおすすめです。

また、雑草の場所があると、様々な草花遊びが生まれたり、やってくる虫や鳥などの小動物と触れ合うことができます。雑草は、春には一斉に花が咲き誇り、秋には色々な実や種がなるなど、季節の変化を存分に楽しめます。こうした雑草と関わる中で、昔から子どもたちはたくさんの遊びを生み出してきました。

第2章 ① 構造の質　園庭環境多様性指標（構造の質）

隅を生かして
①春の花々。②ふき採り。
園庭の隅に設けられた雑草地。日向日陰それぞれで、その環境に合った草花が楽しめます。

雑草プランター
雑草地が設けにくい場合にはプランターの活用がおすすめです。プランターだと、遊びに用いたい場所に適宜移動させることができます。

1年に2回草刈りをする	1年に1回草刈りをする	2年に1回草刈りをする
1年に6回草刈りをする	1年に4回草刈りをする	草刈りをしない

色々な高さで
雑草は様々な高さで残すと、その環境に適した草花が育ち、その環境を好む小動物がやってきます。刈る高さを変えたり、左図のようにエリアごとに刈る頻度を変えると良いでしょう。

雑草すら生えにくい地面

雑草の種は、本来は表土の中にたくさん存在し、また小動物によっても運ばれてきます。けれど、園庭や校庭の地面は、山を削った種や栄養分の少ない土砂であったり、踏み固められ、生えてきた雑草が抜かれ続けたりしたために、雑草が生えにくくなっている場合も多いです。
こうした場合は、雑草が生えている地域の表土をもらってきたり、時期が終わったプランターの土を地面にひっくり返しておくと良いでしょう。

『幼稚園施設整備指針 第4章　園庭計画』より
芝生
（1）芝生のもつ効用を，維持管理及び植栽場所に十分留意しつつ，効果的に活用することも有効である。
（2）使用目的及び使用場所に適した種類の芝を選定することが重要である。
（4）前庭部，保育室の前面等に芝を配植することも有効である。

緑化スペース
（1）植栽，草花などの自然を取り込んだ緑化スペースが教材としても活用されるよう配慮し，園地全体に積極的かつ効果的に取り入れることが重要である。
（4）四季折々に花を咲かせ，実をならせる樹種を選定するなど，植物やそこに飛来する野鳥，昆虫等の生態等を観察できるように計画することが重要である。

4. 樹木・ツル性植物

実・花・葉の形・手触り・紅葉・香りなど、五感で楽しめる様々な樹種があると良いですね。また、各季節で楽しめるように、園庭全体で樹種を考えみましょう。植物の多様さが、子どもにたくさんの刺激や遊びの動機を与えてくれます。

園庭全体で樹種を考える
園庭全体で様々な色合いの紅葉を楽しめるよう計画されています。保育室からの景観も美しいです。このように、五感や季節を考慮し園庭全体で植栽を考えてみましょう。

果樹
現代では果物がどこから来るのか、どうやって育つのかを目にする機会が非常に少なくなっています。おいしい果樹は、実った時・食べた時のうれしさもひとしおです。全員分は収穫できない果実をだれがどう食べるかなど配慮が必要になりますが、子どもたちと考えながら、ぜひ取り入れたい環境です。

地域の樹種
地域に自生する樹種を取り入れることで、地域の風土に合った環境となり、小動物も訪れやすくなります。ぜひ、地域の造園屋さんに相談してみてください。

園の歴史とともに
園庭中央にある桜の大木。何十年も生きる木は、子どもの思い出や園の歴史になります。新しく植栽する場合は、どれくらいの大きさに育つかを考慮して配置しましょう。

低木やかん木
低木やかん木は子どもの背丈の高さであるため、子どもが葉や花、実と触れ合いやすくなったり、囲まれた落ち着いた空間を作り出したりすることができます。

第2章 様々な視点からみる園庭の質

樹木の産物を生かす
- **落ち葉、倒木や伐採木、剪定枝**
 捨ててしまいがちな樹木の部分も、子どもたちにとっては遊びや学びの素材となります。落ち葉や倒木、伐採木は、そのまま残しておくことで、次第に分解され土に還っていく様子を体験できます。変化が見えにくい人工物に囲まれた現代では、こうした体験は貴重です。また、地面の栄養分が増えて植物が育ちやすい環境になっていきます。
- **見つけた実や種 ①**
 子どもが拾ったり食べた後の種を植える場所があると、「何の種？」の疑問への答えを子ども自身で見つけていくことができます。育ってきたら適所に移植します。

樹木を活用した遊び
木登り、ロープブランコ、ツリーハウスなど樹木を活用した遊びでは、登り方を考えたりバランスをとったりと頭や体をめいっぱい働かせることができます。また、ツリーハウスは普段見えにくい葉や花、小動物と出会う場所になります。

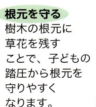

植物を利用した小屋やトンネル
② ツル植物を活用した小屋。一年草のため、種植えや小屋ができていく様子も楽しむことができます。また、子どもの様子に合わせて場所を選ぶことができます。
③ 枝の柔らかい低木を活用したトンネル（レンギョウ等）。

根元を守る
樹木の根元に草花を残すことで、子どもの踏圧から根元を守りやすくなります。

第2章 ① 構造の質　園庭環境多様性指標（構造の質）

『幼稚園施設整備指針 第4章　園庭計画』より

樹木
（1）樹高の高い樹木を園舎の周囲，園地周辺部等にまとまりを持たせて配植したり，1本又は数本の樹木をポイント的に配植することも有効である。
（2）樹木の配植に当たっては，目的とする機能を有効に発揮することができるよう樹種，機能等に応じ間隔，配列等を設定し，園舎内や敷地周囲等からの見通しを妨げない計画とすることが重要である。
（4）園地周辺部に樹木を配植する場合は，日影，落葉等によって周辺地域へ支障を及ぼすことのないよう配慮しつつ，周辺地域の景観と調和し，良好な景観の構成に貢献するよう計画することが望ましい。
（5）安全性に留意しつつ，木登りなどの遊びをできる樹種を選定することも有効である。
（6）郷土産のものを中心に，四季の変化，生態等を観察することのできる樹種を選定することが望ましい。

遊具
（1）（略）その際，自然の樹木や地形の起伏等を遊具として活用することや幼児のみで利用しても十分な安全性及び耐久性を備えた仕様のものを，衛生面も考慮しつつ選定することが重要である。

5. 菜園・花壇

自然と自分の暮らし（衣食）とのつながりを体験したり、植物と土や水、太陽など自然のつながりを体験できる場所として活用します。植える〜育てる（手入れ）〜収穫する〜作る・食べる〜野菜くずを堆肥にする、をひとつながりで体験できると良いですね。菜園や花壇は、お世話をしたり、植物の変化や訪れる小動物に気付いたりしやすいように、子どもたちの目に触れやすい場所に設けることがおすすめです（大きな菜園が離れた所にある場合でも、プランターや小さな菜園で良いので、目に触れやすい場所にもあると良いですね。）

プランター
スペースが少ない場合や、子どもの活動に合わせて移動させたい場合にはプランターがおすすめです。

目に触れやすい場所
保育室前に設けられているため、子どもたちの目に触れやすく、クラスごとに関わりやすくなっています。

畝の大きさ
子どもが数名ずつチームになって、'自分の野菜'をお世話できるよう、チーム単位で関わりやすい畝の大きさになっています。

田んぼ
① バケツやタフブネを用いると小スペースでもお米作りができます。
② 園庭内のミニ田んぼ。田んぼを楽しみやすいよう中央に橋がかけられています。

コンポスト
菜園や園庭から出た植物くずや剪定枝、落ち葉を堆肥化するコンポスト。自然の循環を体験する場であると共に、子どもにとっては遊び素材の宝庫でもあります。

摘んでもよい花壇

花壇の花、摘んでも良い？摘むのは禁止？

花や葉を摘みすぎると、鑑賞できなくなったり、植物にとっても困ります。けれど、草花からはごっこ遊びや色水遊びなど、様々な遊びが生まれます。また、手にとって触れ合うことで、植物への理解も深まりやすくなります。
写真③の園では、他の花壇とは別に「摘んでもよい花壇」を設けています。このように、子どもが自由に摘んでもよい場所を設けたり、子どもと一緒に「摘み過ぎるとどうなるか？」を話し合ってルールを決めるなどができると良いですね。

『幼稚園施設整備指針　第4章　園庭計画』より
花壇
(1) 幼児が自発的，自主的に世話ができ，また管理もしやすいように，位置，規模等を計画することが重要である。その際，栽培する草花，野菜等の種類は，開花や収穫の時期及び期間，手入れや収穫等の管理の難易を十分検討し，適切なものを選定することが望ましい。
(2) 設置位置は，日当りがよく，目につきやすく，かつ，管理に容易な場所とすることが望ましい。
(3) 形状等については，複雑な形状及び過度の広さとすることは避け，周囲をレンガ，ブロック等で縁どり，適当な規模に区画することが望ましい。
(4) 花壇とは別に，花壇面積に応じた十分な苗場を用意しておくことが望ましい。

6. 飼育動物

飼育動物との関わりを通して、子どもたちは生き物を思いやる気持ちが育まれ、安心感を感じたり、会話が生まれたりします。その生き物が生き物らしく生きられるような、ストレスの少ない飼育スペースづくりも考えていけると良いですね。

生き物に負担のないスペースづくり
日中は柵を広げ、ウサギが動き回りやすいように、子どもが中に入って触れ合えるようにしています。ウサギが過ごしやすいよう日よけを作成中（右）。

適切な場所へ
ウサギはケージと合わせて、日中は園庭の様々な場所に置かれています。木陰や草のある所、子どもが触れ合いやすい場所などです。

責任をもって関わる
子どもが中に入って触れ合えるよう、ゆとりをもたせた鶏小屋（左・中）。月曜から土曜まで、餌やりに掃除にと子どもが責任をもってお世話しています。右の写真は餌用に野菜を刻んでいるところです。

地域の獣医師会さんと連携しよう
日本獣医師会では、学校動物飼育支援に取り組まれています。どういった動物が適しているかや、動物との触れ合い方や飼育環境の整え方、アレルギーへの対策について、園への助言や子どもへのワークショップもされています。ぜひ各都道府県の獣医師会にご相談ください。

『幼稚園施設整備指針 第4章 園庭計画』より
その他の屋外教育施設
(1) 動植物の飼育、栽培のための施設を、安全面や衛生面に留意しつつ、計画することも有効である。
その際、幼児が活動しやすいよう配慮することが望ましい。

7. 築山・斜面

斜面を登ったり降りたり、転がったりできる場所をつくりましょう。小さい山、大きい山、1つ山、複数の山、それぞれ楽しみがあります。表面を土にしたり、芝や草を生やしたり、樹木と合わせたり、段をつけたりと、子どもの活動をイメージしながら様々に工夫してみましょう。

園庭中央に
園庭の真ん中に設けられた大きな築山。そこから遊びが生まれ他の場所に展開したり、全体を眺めたりと遊びの拠点になっています。

小さな山
小さい山も年齢の小さな子にとっては大きな挑戦。芋ヅルと合わせて遊びを創造中です。

組み合わせ
段をつけたり、トンネルやすべり台、樹木と合わせることで、多様な活動が生まれます。

複数の山
低い山が複数設けられています。駆け回ったり乗り物で遊んだりと凹凸を楽しめます。

作ったり崩したり
地面を掘った際に出た土を利用した、臨時設営の築山。山が崩れたらまた積み上げたりと、固定された山でないからこその楽しみもあります。

石
石垣や大きな石も、手先足先や頭を働かせて登り降りする挑戦の環境です。地域特有の石の種類や積み方も取り入れてみたいですね。

雪
園庭に積もった雪を生かして、雪の積もる地域らしい、季節限定の雪山です。

『幼稚園施設整備指針 第4章 園庭計画』より
その他の屋外教育施設
(3) 敷地内に，幼児が登ったり駆け下りたりできる築山，通り抜けができるトンネル，泥遊びができる場所等を安全面及び衛生面に留意しつつ計画することが望ましい。

8. 遊具

様々な種類がある固定遊具。遊具を検討する際には、①子ども自身が頭を使って動くことができるもの、②子ども同士の関わりを促すもの（コミュニケーション、社会的遊びなど）、③他の環境では提供できないもの（高さ、挑戦的要素、達成感など）、④周りの環境とのつながり（組合わせ、配置など）を考慮することで、子どもの体験がより豊かになります。

シンプルな形でも
斜面を組み合わせたシンプルな遊具ですが、登ったり滑り降りたり、飛び降りたりと様々な動きや挑戦が生まれています。

素材や形
ロープのつり橋では、不安定さや渡る構造から、足先から指先まで全身を使ってバランスをとったりドキドキしながら挑戦したり、仲間と渡るなど社会的遊びが生まれたりします。

ゆったり過ごす遊具
昔ながらの乗り物遊具も、待ち合わせの場所や、休憩、コミュニケーションの場に。

既存遊具への工夫
既存のすべり台に遊び小屋やクライミングホールドを加え改修されています。

園庭の2辺を囲むように大型複合遊具を設置することで、園庭スペースを確保。

大型複合遊具？ シンプルな遊具？

近年、大型複合遊具が遊具市場で一般的になっています。園庭全国調査からは、園庭面積が小さい園では子どもの多様な経験を保障するため、様々な機能を集約させた複合遊具を設置する工夫が見られました（石田,2018）。一方で、滑り台や鉄棒といった昔からあるシンプルな遊具の方が、子どものスケールで見通しをもちやすいため、鬼ごっこなど社会的な遊びに発展しやすいことが明らかにされています（張他,2004）。また、大型遊具は購入や維持管理の費用も考える必要があります。
子どもにどのような体験をして欲しいのか、園庭環境への予算はどれくらい取れるのかを園庭全体で総合的に捉え、その中で遊具を選択されることをおすすめします。

子どもが作る
遊具は子どもが創作する機会にもなります。
① 子どもたちがトンカチ・のこぎりを持って拡大させている小屋。
② 年長さんの卒業記念は、手作り遊具。園庭は卒園生の遊具がいっぱいです。

『幼稚園施設整備指針　第4章　園庭計画』より
遊具
(1) 固定遊具等は、幼児期の心身の発達にとって重要な役割を果たすことを踏まえ、幼児数や幼児期の発達段階、利用状況、利用頻度等に応じ必要かつ適切な種類、数、規模、設置位置等を検討することが重要である。その際、自然の樹木や地形の起伏等を遊具として活用することや幼児のみで利用しても十分な安全性及び耐久性を備えた仕様のものを、衛生面も考慮しつつ選定することが重要である。（略）
(4) 幼児の興味や関心、遊びの変化等に応じ遊具の再配置が可能となるように、可動遊具や組立遊具を安全性に留意して導入することも有効である。

9. ひらけたスペース

ひらけたスペースがあることで、ボール遊びや縄とびといった集団での遊びや、他の遊びスペースを見渡しながら遊びを展開していくことができます。

ひらけたスペースはどのくらいの広さが必要？

これまでに挙げてきた物理的環境はそれぞれ、様々な子どもの活動を支えてくれます（参照 86 ページ）。一方で園庭の面積は多くの施設で限られています。
園庭が子どもにとって多様な体験の場となるためには、あなたの園にとってのひらけたスペースの必要規模を再検討し、多様な環境を取り入れられると良いですね。

『幼稚園施設整備指針　第4章　園庭計画』より
運動スペース
(1) 多様な運動や遊びが誘発されるよう、敷地の形状等を有効に活用し、変化に富み、遊びながら様々な活動を体験できる空間として計画・設計することが重要である。
(2) 運動や遊びの種類、設置する遊具の利用形態等に応じて、必要な面積、形状等を確保できる計画・設計とすることが重要である。
(3) 構造及び仕様は、表面が平滑で、適度な弾力性を備え、また、適度の保水性と良好な排水性を確保するように計画し、設計することが重要である。

10. 道具や素材

子どもが自由に扱える素材を様々な種類・数を用意することで、子どもたちは豊かに遊びを創造し、活動が広がっていきます。素材や道具はお金をかけずにできるため、まず始めに取り入れたい環境です。

イスやお風呂マット

タイヤ

ドラム缶

丸太

板やスノコ

瓶ケース

植物の産物

容器、おろし器
すり鉢やすりこぎ

傘

包丁（動物の餌作り）

ノコギリやトンカチ

掃除ブラシ

第2章　様々な視点からみる園庭の質

すべり台と組み合わせ。

素材・道具置き場
規模や配置、遊具との組み合わせ等を工夫することで、子どもの活動が広がります。

園庭中央に配置され、園庭中に遊びが広がる。

たっぷり収納できる広い道具置き場。

乗り物

かご

一輪車やリアカー

『幼稚園施設整備指針　第4章　園庭計画』より　遊具
(4) 幼児の興味や関心，遊びの変化等に応じ遊具の再配置が可能となるように，可動遊具や組立遊具を安全性に留意して導入することも有効である。

第2章　① 構造の質　園庭環境多様性指標（構造の質）

11. 休憩や穏やかな活動の場所

くつろいだり、ごっこ遊びなど穏やかな活動の拠点となる場所が園庭の様々な場所に点在していると、戸外でもじっくり遊びやすくなります。また太陽や季節を感じながら皆で集う時間は気持ちの良いものです。

樹木を生かす
樹木周りに設けたデッキは心地よい空間に。

持ち運びや組み合わせがしやすい台
大人が運べる程度の大きさで作られた台。必要な場所に移動させたり、組み合わせて広いくつろぎスペースにしたりできます。

ハンモック
ハンモックはゆったり過ごす場所にも、遊びの場所にもなります。

特別感のある小屋
ごっこ遊びをしたり、くつろいだり、絵本を読んだりできる小屋。木立の中にありわくわくするような魅力的な空間になっています。

素材や道具を生かす
台や瓶ケース、丸太も、移動式の穏やかな活動の場所になります。

『幼稚園施設整備指針　第4章　園庭計画』より
その他の屋外教育施設
(4) 憩い，食事，交流，発表等の場として，ステージ，ベンチ等を設置することも有効である。

12. 日よけ

中高木やツル性植物棚、日よけシートを活用し、その配置を考えることで、夏季でも安全に戸外活動をしやすくなります。

樹木を点在
園庭全体に樹木を点在させることで、夏場の暑さをしのぎやすくなります。

常緑樹と落葉樹のバランス
落葉樹であれば、冬場は葉が散るため、日当たりも確保できます。
常緑樹は冬場も緑を提供してくれますので、バランスよく常緑、落葉樹を配置できると良いですね。

じっくり遊ぶ場所に
砂遊び場などじっくりと遊ぶスペースには、日よけがあると良いです。

ツル植物
一年草のツル植物をプランターに植えて、ちょっとした小屋やトンネルを作ることで、必要な場所に日よけスペースを作ることができます。

> 『幼稚園施設整備指針 第4章 園庭計画』より
> 運動スペース
> （5）必要に応じ、東屋やパーゴラ等、日除けのための施設を適当な通風の得られる位置に設けることも有効である。

日よけシートやテント
必要な場所に設置しやすく、おすすめです。

植物の冷却効果
植物は、葉から体内の水を蒸散させます。この時、周囲から気化熱を奪うため、空気が冷やされます。そのため、植物は夏場に涼しさを提供してくれます。特に、まとまった植物空間は涼しく、そこで冷やされた空気が外部へ流れるため、そよ風も生まれやすくなります。植物周辺の地面に草が生えているだけでも、数度下がります。(甲斐他, 2004)

13. 園庭と園舎のつながり（中間領域）

園庭と園舎をつなぐ半屋外空間は、室内にいる子どもが外に興味をもったり、園庭にいる子どもの休憩の場所になったり、室内にいる子と園庭にいる子の交流の場所になったりします。靴の脱ぎ履き以外にも、子どもが活動できるような空間構成を考えてみませんか？

コの字型園舎
コの字型の園舎により、広い半屋外空間が作られています。

広い縁側
広めに取られた縁側空間では、外を感じながら遊んだり食事をすることができます。

張り出しデッキ
園舎から園庭に張り出したデッキは、室内にいる子どもも戸外にいる子どもも楽しみやすい場所です。

> 『幼稚園施設整備指針 第3章 園舎計画』より
> 7 半屋外空間
> （1）空間構成、位置等
> ① 幼児の主体的な活動を促す空間として、園舎周りの半屋外空間を積極的に計画することが望ましい。その際、保育室等の園舎部分及び屋外空間との連続性や回遊性に配慮することが重要である。

14. 全体的な配置

従来の園庭は、グラウンド中心で遊具や樹木が周縁に幾つかあるタイプが一般的でしたが、近年、多様な環境を取り入れた園庭が増えてきています。

適切な広さで
ひらけたスペースに必要な面積を確保した周囲には、様々な遊びスペースが配置されています。

園庭全体に
園庭全体に様々な遊びスペースや植栽が配置されています。

林的スペース
ひらけたスペースと様々な動植物が暮らす林的スペースを分けて配置されています。

園舎裏
園舎裏も遊びの空間として活用されています。園舎裏や脇の路地的空間が楽しいですね。
（子どもたちどうし見守り合い、何かあれば先生に伝える関係ができているそうです。）

中央に
園庭の中央に、大木や築山、道具などを設け、園庭のシンボル的な場所として皆が集まったり、登って周りを見晴らせたりできるようになっています。

変化させていく
① 毎年、入園式から数日後に園庭は突然姿を変えます。ユンボを入れて、遊具や築山の配置を変え、園庭を大改造。子どもたちは大興奮です。
② 秋の運動会に合わせて、子どもと保育者で遊びながら築山を崩し平地にしていきます。
③ 運動会。ターザンロープや竹の登り棒など環境を生かした競技も。
④ 冬には平地を生かして焚き火や竹馬を楽しみます。

2001年から始まった毎年の大改造。子どもたちの爆発的な反応を見て、「永久に変わらない園庭は、安心の元であろうが、退屈の原因である」と実感されました。

『幼稚園施設整備指針 第4章 園庭計画』より
第1 幼児の主体的な活動を確保する施設整備
2 多様な自然体験や生活体験が可能となる環境
（1）幼児の身体的発達を促すため，自然の中で伸び伸びと体を動かして遊ぶなど幼児の興味や関心が戸外にも向くよう，幼児の動線に配慮した園庭や遊具の配置を工夫することが重要である。その際，屋内外の空間的な連続性や回遊性に配慮することが重要である。
　※回遊性：建物内の通路やホールあるいは敷地内通路等を環状につなげて、幼児等が建物の内部や周囲等を回れるようにすること。
（2）豊かな感性を育てる環境として，自然の中にある音，形，色などに気付き，自然に触れることのできる空間を充実させることが重要である。その際，自然の地形などを有効に活用した屋外環境及び半屋外空間を充実させることも有効である。

15. 保護者や地域の方々との交流の場所

入り口付近や園庭内の休憩スペースなどは、保護者や地域の方同士や、子どもや保育者との交流の場にもなります。

心地よい空間づくり
門から園舎入り口までの空間には、植栽やベンチが設けられ、来園された方が気持ち良く過ごせます。

地域との接点
門付近に半屋外空間を設けることで、来園した保護者や地域の方が子どもと交流しやすくなります。

『幼稚園施設整備指針 第4章 園庭計画』より
昇降口・玄関等
③（略）送迎時に保護者同士や教職員との交流ができるスペースを設けることも有効である。

その他．屋上・ベランダ

ベランダや屋上も、太陽や風、地域の景色や音を感じたり遊んだりする場所となります。特に園庭面積が限られている場合は、園庭として活用していけると良いですね。

遊具や道具
可動遊具や遊び道具、プランターを設けることで遊びやすくなります。日よけを設置できるしつらえがあると暑さもしのげます（右）。

芝生
芝生を張り、食事をしたり球技をしたりと戸外を楽しみやすくなっています。

草木
囲いを作って土を入れ、クローバーや様々な樹木が植えられています。雑草も生え、自然豊かな環境になっています。

ベランダ
木材やプランターを用いて心地よく過ごしたり菜園活動をしたりできるような環境作りがされています。

『幼稚園施設整備指針 第4章 園庭計画』より
運動スペース
(6) 屋上で運動する計画とする場合は、安全管理面に十分留意しつつ、運動の内容等に適した機能を確保するよう形状、仕上げ等を計画することが重要である。その際、活動に伴い発生する騒音やボール等の落下などによる周辺地域等への影響に十分留意することが重要である。

緑化スペース
(6) 敷地内に十分な緑化の空間を確保することのできない場合などにおいては、安全性に十分留意しつつ、建物の外周部、屋上等を緑化に活用することが重要である。

第2章 様々な視点からみる園庭の質

園で取り組まれている、その他の物理的環境

- トイレ

遊具と合わせたり、遊びにも使いたくなる待合空間を作られています。

- 隠れ家的空間

トンネル

木々に囲まれた空間

隅っこ空間

- 火

ドラム缶を用いて焚き火

目が届きやすい保育室前に設けられた常設の焚き火場

ピザ窯

園庭でキャンプファイアー

かまど。おにぎりはおやつに。火の神様もおられます。

- 創作の場所

クッキングスペース（中間領域）

様々な材料が用意された工作スペース

壁面を生かして創作

① 構造の質　園で取り組まれている、その他の物理的環境

調査結果・レビュー

物理的環境の多様性と子どもにとって

▶ 戸外環境が子どもにとって「充分」と捉える施設は、「充分でない」と捉える施設よりも物理的環境が多様である。(園庭・地域環境ともに)

▶ 園庭面積については、園庭環境が子どもにとって「充分」と捉えるか否かによる差は見られない。

▶ 物理的環境が多様な園ほど、
  ・取り組みに関する自由記述では、物的環境に関する単語の種類が多く、具体的。
  ・子どもが好む遊び場の機能(p64参照)に対応する場所が多く挙げられている。
    →多様な経験が得られている可能性。

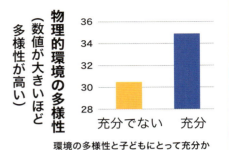

環境の多様性と子どもにとって充分か

多様な物理的環境があることは、子どもの戸外環境を考える際に重要な観点となります。

園庭や地域での物理的環境の実態

調査協力園では、園庭のある園が有する環境と、園庭のない園が活用する地域環境とで、相違がみられました。

▶ 園庭にも地域にも多い環境:
  ・砂遊び場や固定遊具

▶ 園庭に多く、地域に少ない環境:
  ・子どもが主体的に工夫して関わることのできる環境(菜園、花壇、水道や井戸、遊びの道具や素材、摘んでもよい草花など)

▶ 地域に多く、園庭に少ない環境:
  ・子どもの背丈で葉や実等を楽しめる樹木環境(低木、かん木、落ち葉)
  ・広さが必要な水環境(水路や池、生物が生息する水場、入って遊べる水場)

園庭と地域で補完し合える環境づくりの重要性や、地域でも乳幼児の環境として充実させていきたい環境が見えてきました。

保有している物理的環境	「あり」「可能」と回答した施設比率(%)	
	園庭(園庭有園)	地域(園庭無園)
砂遊び場	97.2	83.1
固定遊具	95.4	89.2
水道や井戸	93.9	57.8
中高木	90.2	79.5
花壇やプランター	89.0	49.4
休憩, 静かな活動の場所	86.7	75.9
可動式の水遊び場	85.6	71.1
菜園	85.4	49.4
道具や素材	84.0	59.0
落ち葉活用	78.1	94.0
水たまり活用	76.3	20.5
土遊び場	76.3	33.7
低木やかん木	74.8	81.9
摘んでもよい草花	65.2	39.8
水路や池	16.4	32.5
生物が生息する水場	11.0	25.3
入って遊べる水場	6.0	10.8

第2章 様々な視点からみる園庭の質

知恵袋　園庭を更に楽しむために、こんな工夫をしてみませんか？

① 構造の質　調査結果・レビュー／知恵袋

図鑑やルーペ

飲み物を常備

園庭やお散歩で見つけたものを入れる、一人一人の容器

樹名板
① 子どもが書いた樹名板。
② 「〇月に花がさくよ」など、木の特徴とその写真を掲載。
③ 花と実両方の写真を掲載。

園庭での活動や観察結果をまとめたポスター
① 一年を通したお米作りの様子
② 伐採した園庭樹の年輪調査

園の動植物紹介コーナー
（園庭の一角・園舎の入り口や廊下に）
① 園で集めた木の実たち
② 今咲いている植物・訪れた動物
③ 子ども・保護者向け各季節の自然を「さがしてみよう」シート
④ 室内：季節の植物コーナーと絵本
⑤ 室内：園庭に訪れる動物コーナーと図鑑

寿命となった道具を入れる「ありがとうのかご」

遊び中断後も継続することを示す「つづき」の看板

園庭の動植物の名前をクラス名に

園庭の大木の剪定枝で、10周年お祝いマグネット作成

❷ 志向性の質
園庭の保育で、何を大切にしていますか？

ここからは、園庭における保育で「大切にしていること」を振り返るためのいくつかの視点を示し、戸外であるゆえに特に重要になる3つのポイント、「自然」「体力や運動技能」「リスク」の観点で考えていきます。
そして、その他の視点や研究成果として見えてきたことをご紹介します。

経験や育ち、何が必要？

　園庭での子どもの経験や育ちについて、自園ではどのようなことを大切にしているでしょうか。子どもに育てたい気持ちや力、味わってほしいことなどによって、経験してほしい遊びの内容、他者との関わり方、活動や行事の内容など、園によって重点の置き方は異なるでしょう。

　「大切にしていること」の中には、設立時から受け継がれてきた理念による内容もあれば、時代に合わせて新たに加わった内容もあるでしょう。はっきり意識されるわけではなく、暗黙のうちに日常の保育へ反映されていることもあります。そのような保育観は文化間での比較によって明らかにされていますが (Hayashi & Tobin,2015)、国内でも「何を大切にしているのか」は園によって、また保育者によって多様です。

　「自園で大切にしていること」を見つめ直し、互いの考えを共有することは、各園のもつ価値を可視化し、実践を振り返り、より質を高めていくことにつながります。

掲示物
子どもに伝えたいことを
プランターの掲示に
（→花に来る虫についての説明：
自然への興味、科学的関心）

遊具
新たに設置した、丸太の長さが
多様な遊具にもそのとき大切に
したい経験や育ちが表れています。
（→挑戦する気持ち、体力や運動技能）

この章では
以下の流れで考えていきます。

1. 「大切にしていること」を考える視点 ➡ 2. いくつかの視点に絞って考えてみる ➡ 3. 様々な視点の紹介

（自然／体力、運動／リスク）

1.「大切にしていること」を考える視点

あなたの園では何を大切にしていますか？
順位をつけてみましょう。

☐ 自然の美しさや不思議さを感じることができる。

氷遊び
氷を張るため、
思い思いに水と草花を入れる

☐ 体力や運動技能を育てることができる。

様々な遊具

☐ 疑問に思ったことややってみたいことを試したり表現したりすることができる。

☐ 危険を察知したり、危険に対処したりする力が育つ。

☐ 科学的な視点をもったり、数や文字を意識したりすることができる。

☐ その他
（自園で大切にしていることがあれば書いておきましょう）

▶いずれも大切な内容ですが、順位をつけてみることで、理念の軸にしていることや、現在特に重視したいことが見えてきます。

重視していることが見えてきたら、子どもの姿を見る視点や日々の保育の振り返り、カリキュラムマネジメントなどに生かしてみましょう。

第2章　様々な視点からみる園庭の質

②志向性の質　経験や育ち、何が必要？

2-1. 1つの項目（自然）にしぼって考えてみると…

「自然の美しさや不思議さ」
あなたの園は、どれが近いですか？

願い 自然に触れ合って、たくさん遊んでほしい → 自然に囲まれている・活動をしている

願い 自然について興味をもち、知ってほしい → 子どもたちの住む地域・今の園庭に十分な環境がない → 取り入れにくいができるところから…

屋上にビオトープ　　プランターの活用

願い 色々な生き物が一緒に暮らしていることを知ってほしい

願い 命の大切さを体験してほしい → 環境を生かして…

願い 自然の中で生きることの厳しさや、身を守ることの大切さを体験してほしい

虫を見つけた場所を階段に掲示

生き物とともに…　　現代の子どもたちが体験しにくい環境を…

園外も活用　　火などを使用する機会

▶保育での「自然」に対する視点は、保育者としてだけでなく、一個人として自然をどう捉えるのかということとも関わってきます。知識や経験も様々です。

書籍や研修等でともに学ぶ、園内で互いに知っていることを伝え合うなど、知識や経験を得る機会を意識的に作ってみましょう。

2-2．1つの項目（体力や運動）にしぼって考えてみると…

「体力や運動技能」
あなたの園は、どれが近いですか？

願い
どの子どもも、なるべくたくさん運動ができるような環境、活動を考えたい。

願い
それぞれのペースで、体を動かす楽しさ、心地よさを感じられるような環境にしたい。

願い
子どもたちが挑戦したいことに応えて環境を作っていきたい。

> ▶「体力や運動技能」に関するねらいは、子どもの身体的な発達段階だけでなく、自分の能力を把握したり遊びを考えたりするなど、他の様々な力の育ちとも関わっています。
> 一方で、例えば地域行事や運動会の演目のように、
> 園で長く続けられてきた活動や行事によって毎年目指されていることもあるでしょう。

> 「様々な子どもにとって、体を動かしたくなる環境・活動かどうか」
> 「今ある活動や行事はこれからも続ける必要があるのか」など、具体的な内容から見直してみましょう。

第2章　様々な視点からみる園庭の質

②志向性の質　経験や育ち、何が必要？

2-3. 1つの項目（リスク）にしぼって考えてみると…

　危険なことについては、概念として「リスク」（冒険や挑戦の対象となり、事故の回避能力を育んだり、子どもが判断可能である危険）と「ハザード」（遊びの価値とは無関係、子どもが判断不可能である危険）とに分けられます（国土交通省 都市公園における遊具の安全に関する指針）。
　この概念の区別は、子どもの発達や環境のあり方など、様々な状況によって少しずつ異なる部分もあるかと思われますが、ここでは「リスク」を念頭に置いて考えてみてください。

リスクから学ぶことについて、どのように考えますか？

- けがはしない範囲で遊びを十分に楽しんでほしい。
  - お迎えまで無事に。朝来たままお返しする。

- ちょっとしたけがであれば、大けがを防ぐことにもなるので、必要である。少しドキドキするような経験からも学んでほしい。
  - 擦り傷は勲章。
  - 子どもが少し怖さを感じる場所では、慎重になり大けがをしにくい。

- 治る（残らない・命に関わらない）けがなら怖れず、自由に遊べるようにしたい。
  - 子どもには、「けがをする権利」があると思う。

実際の対処や取り組みは、どうなっているでしょうか？

- 安全な遊び方をあらかじめ伝えている（それ以外の遊び方はしない）。

- 事前に遊び方はあまり伝えない。危険のある環境を経験することで、子ども自身で危険に対処していく。

- 危険を経験することも大切だが、保育者自身が見ていて怖いので止めることが多い。

- 危ないと感じることがあったら、保育者間で共有し、環境や活動の見直しをする。

- 危ないと感じることについて、子どもたちと話し合う場を作る。

▶上記の対処や取り組みは、それぞれの環境、在園児の発達や経験によっても異なると思われます。さらに、同じ状況でも「怖い」と感じるかどうかは保育者によって異なります。一人ひとりの感覚や見方を共有してみましょう。

共有していくと、保育者間での感覚の違いが見えてきます。
細かな安全管理のルールを決める方法もあれば、基本的な理念を確認した上で各保育者が判断するという方法もあります。園の状況に合った方法を模索してみましょう。

リスクについては、以下のような分類（研究）があります
(Sandseter, 2007)

- **高さ**
  …落下によるけがの危険がある

  登る・飛び降りる・高いところでバランスをとる、揺れる

- **スピードの速さ**
  …ものや人との衝突につながる。調節できないスピード、すばやいこと

  すべり台、三輪車、そり遊び

- **危険な道具**
  …けがにつながる

  のこぎり、ナイフ、ロープなど

- **危険な要素**
  …子どもが落ちたりすると危険

  崖、深い水、冷たい水、火

- **取っ組み合い**
  …子どもが互いを傷つける

  たたかいごっこ

- **いなくなる、迷子になる**
  …大人の見守りから外れる、一人で迷子になる

  一人で探索、慣れない環境

② 志向性の質　経験や育ち、何が必要？

▶ それぞれ、自園ではどのような環境や遊びが当てはまるでしょうか。考えてみましょう。また、防ぎたい（子どもに経験してほしくない）危険や、子どもの経験にとって必要な危険についても話し合ってみましょう。

「防ぎたい（子どもに経験させたくない）危険」については、生じなくて済むよう、また気にせず遊べるよう、環境から取り除くための工夫をしましょう。
（例：遊具から飛び降りる先の地面を耕す／走りまわる場所でぶつかりそうなものを確認）。
それが難しい場合は子どもと話し合ったり、ルールを作って共有したりするという方法もあります。

「子どもの経験にとって必要な危険」は、どのような経験や発達につながるのか、言語化して話し合い、保護者にも伝えていきましょう（p. 52～保護者へのルール共有 参照）。

3. 他にも以下のような視点があります

園庭での、人との関わりについては
どのようなことを大切にしたいですか？

□子どもだけで遊ぶことができる
　願い 自分たちで遊びや場を作っていく経験をしてほしい

□保育者と一緒に遊ぶことができる
　願い いつもそこに保育者がいるという安心感をもってほしい

願い 一人でじっくり遊ぶ時間を大切にしたい
□一人だけで遊ぶことができる

願い 身近な仲間と共有するうれしさを感じてほしい
□少人数で遊ぶことができる

□多様な人と関わることができる
　願い 地域の人との関係を大切にしたい

□その他

保育者とともに…

暑い夏に、隣の神社からのシャワーを浴びに。

▶年齢や発達段階、子ども一人ひとりの姿によって、
　今どれを特に大切にしたいのかということは変わってくるかもしれません。

保育者の関わり方については？

- ■ 子どもの遊びの様子を見て回る
- ■ 子ども同士の関わる機会を作る
- ■ 自然を生かした活動を計画する

- ■ 園庭を運動指導や行事に活用する
- ■ 子どもの活動環境を保育者が決めて設定する
- ■ スポーツの能力を育てる取り組みを行う
- ■ 保育者が始めた遊びに子どもを誘い込む
- ■ 子どもに指示を出して活動を進める
- ■ 難易度の高い活動を指導する
- ■ その他（　　　　　　　　　　　　）

「大切」に思う程度と、「実施している」程度には差があることも。

▶「(1) 大切だと思っているが実施は難しい」「(2) 実施しているが、あまり大切ではない」などといった視点で、
　実践を振り返ってみましょう。

(1) は限られた中で少しずつできることがないか、他園や専門家等の知識も活用して考えてみましょう。
(2) は、子どもや保育者にとって負担となっている場合もあり、機会を作って見直すことも必要です。

第2章　様々な視点からみる園庭の質

調査結果・レビュー

相対的に重視していることは園によって異なり、また調査全体での傾向もあります。

体力や運動技能を育てることができる

 1位～5位まで散らばりが大きい

この項目に1位をつけた園は、他の項目に1位をつけた園と比べて以下の6項目を高く評定しています。

- ■ 園庭を運動指導や行事に活用する
- ■ 子どもの活動環境を保育者が決めて設定する
- ■ スポーツの能力を育てる取り組みを行う
- ■ 保育者が始めた遊びに子どもを誘い込む
- ■ 子どもに指示を出して活動を進める
- ■ 難易度の高い活動を指導する

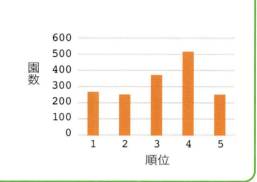

疑問に思ったことやってみたいことを、試したり表現したりすることができる

 上位の回答が多い

この項目に1位をつけた園は、他の項目に1位をつけた園と比べて上記の6項目（■）を低く評定しています。

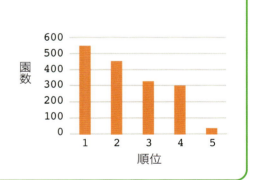

自然の美しさや不思議さを感じることができる

 上位の回答が多い

まずは自然の価値が前提にあるのか、子どもの疑問や興味が出発点なのか。いずれも大切ですが、園の理念やその地域の子どもが置かれている状況などにより考えが分かれるところでもあります。

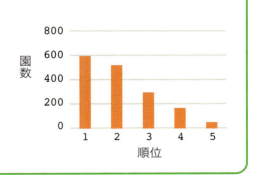

◆ 1園1回答の調査ですが、園内でも異なる考えがあるかもしれません。
◆ 上記の結果は、時代とともに変化することも考えられます。

第2章　②志向性の質　調査結果・レビュー

知恵袋

園の理念、大切にしていることについて、言語化したものを見てみましょう。

●園だよりに書いていること　①園庭改修の様子を伝える。

園庭の改修開始、改修のプロセスを、ワクワクする気持ちや子どもたちの姿とともに伝える。

> 園庭の大改造なんて、実現できるかどうかは別にして、大人でもワクワクします。子どもた尚更、楽しくて夢が広がります。5歳児にとって確かに「卒園まで時間がない！」ということはルです。でも、その"時間がない"ことに気付ける子どもたち、そして、その"時間の無る子どもたちってすごいと思いませんか？　また、少しでも自分達も楽しみたい、その行動したい、そして、自分たちのことだけでなく4歳や3歳といった小さいクラスの子どにもやろう！」という気持ち、私達より大人だなぁと、何だか感動しませんか。
> まあ、そんなわけで、金曜日、あわててウサギ小屋の大掃除をしたというわけです。

●園だよりに書いていること
②日々の様子を伝える。

園庭での子どもたちの姿を、季節による自然の姿とともに伝える。

●園の理念を表す言葉
（「理念」「保育／教育目標」「園訓」など）

例として、大切にしている順位の1つ目で「自然」を選択した園を見てみます。「自然」は共通していても、それをどのような表現で伝えているのかについては、園により多様です。

「強くたくましく　型にはまらない　野性味溢るる子どもに育てましょう」
（認定こども園錦ヶ丘幼稚園／保育園）

「子ども達は，心も体も『体験』で育つ！『あそび』を通して，大きな環境で，より多くの体験をふやそう！」
（認定こども園 吉田南幼稚園）

「水と土と太陽と仲間と共に、生きるための「根っこ」を育む」
（認定こども園 ちいさいおうち共同保育園）

「神を愛し　人を愛し　自然を愛する」
（認定こども園 井上幼稚園）

言葉による伝達だけでなく、イラストや写真も暗黙の価値を伝えています。また、可視化した地図なども考え直す手掛かりになります。

● Web サイトのトップページに示している絵や写真

自然の中での体験を写真で示している

子どもの興味から始まることを、わかりやすい言葉で示している

● 環境ごとの危険について考えられるような地図

ヒヤリマップ
自分が「ヒヤリ」としたことを場所ごとに貼る

年齢別に、子どもの姿や遊びについて考えていく

園により様々な視点で、子どもの姿や遊び、環境を見る視点を深めていくツールにも

第2章　②志向性の質　知恵袋

③ プロセスの質〈ルール〉 園庭でのルールを考える

ここからは、園庭で守ることとして保育者が作っているルールや、
子どもが考えているルールを見てみます。
具体的なルールを手掛かりとして、
園庭での遊びや活動をより豊かにする方法を考えてみましょう。

あなたの園には、どんな決まりがありますか？

　園庭での遊びや活動にあたり、保育者間で決めていること、子どもに伝えていること、子どもが考えて守っていることなどはあるでしょうか。同じ環境でも、使い方やルールが変わると、遊びや活動も変わります。園庭内のそれぞれの環境ごとに、どのようになっているのかを振り返ってみましょう。

　また、それぞれのルールはどのように決定したものでしょうか。状況によって変わる場合、誰がどのように判断しているでしょうか。子どもの視点を取り入れることができそうなルールはあるでしょうか。ルールの決定プロセスに子どもがどのように関わっているのかということも、遊びや活動を支える上で重要なポイントになります。さらに、保護者に対するルールの伝達の仕方も、保護者の保育理解を進める上で鍵となります。

保育者間で共有

「ヒヤリーチェック」
保育者や保護者等、大人が気を
つけるべきことを遊具に掲示

子どもの視点

5歳児が話し合って作った
三輪車の交通ルールの掲示

その他にも…

遊びを楽しくするルールも
「みっしょん2　きのうえをわたれ
おちたらやりなおし」

この章では　以下の流れで考えていきます。

1. ルールの具体例	→	2. 共有の方法	→	4. 環境に応じて
		3. ルールの背景にあるもの		5. 子どもによる決定
				6. 保護者との共有

1. ルールの具体例

保育者が守るルールには、どのようなものがあるでしょうか？

＜保育者が守り、子どもに伝えるルールの例＞

- □ 遊具の使い方
   …登り降りの方向、ジャンプの可否、対象年齢など　　――　安全面

- □ 動植物との関わり
   …植物や虫を採ってよいかどうか、飼育動物との触れ合い方など　　――　安全・衛生面、自然保護

- □ 水を使う量
   …使いすぎの場合に声をかける　など　　――　資源の使い方

- □ 異年齢での関わり　　――　安全面、対人関係、道徳性

- □ その他

＜保育者として守るルールの例＞

- □ 援助の仕方
   …高い所に登るとき（木登り、遊具等）保育者が手伝わない　など　　――　子どもの安全、経験や発達を考えて…

- □ 立ち位置
   …誰かが必ず見える（死角を作らない）ようにする、何かあったとき助けに入れる位置に立つ、子どもが隠れたい場合はそっと見る、など　　――　安全管理と、子どもの遊びへの集中との両立

- □ 声かけの仕方
   …すぐに制止せず見守る　など

- □ 子ども自身が考える機会を作る（5.子どもによる決定 参照）　　――　助けたい、手伝いたい、という保育者の気持ちを抑えるときも…

- □ その他

> ▶保育者が守るルールを考える際には、それぞれ子どもに何を経験してほしいか（してほしくないか）、何を学んでほしいかといったことを考えてみましょう。

> 自分のクラス特有のルールがあれば、その理由や考えなどについて、他の保育者とも共有してみましょう。また、理由がわからないが園で長年にわたって守られ続けているルールについても、なぜ必要なのか、あるいは変えてもよいのか、なくしていってもよいのか等、改めて考えてみましょう。

第2章　③プロセスの質〈ルール〉　あなたの園庭には、どんな決まりがありますか？

2. 園内でのルールの共有方法

保育者間での共有について、あなたの園は、どれが近いですか？

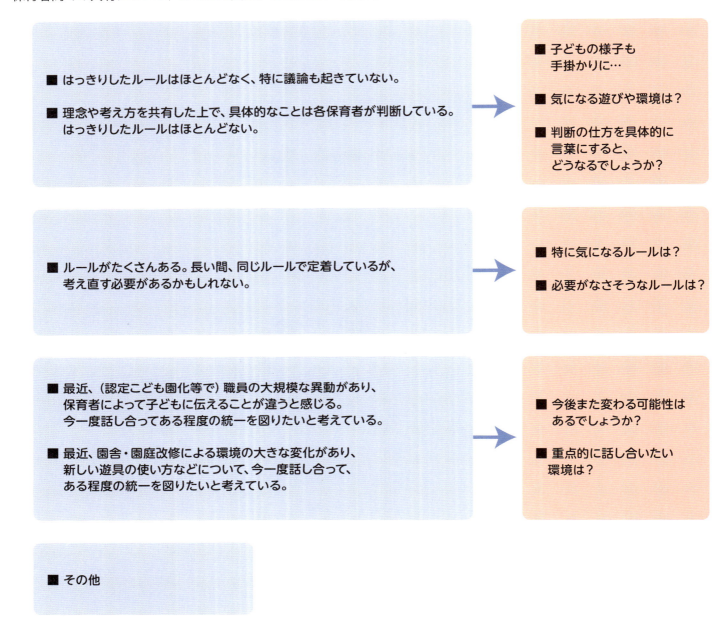

3. ルールの背景にあるもの

ルールは、どのような理念や考え方に基づいているでしょうか？

自然について

例えば「**植物や虫を採ってよいかどうか**」について考えてみると…

まずは興味をもち、自然と触れ合って欲しい。	興味をもつこと、自然の中で守るべきこと、両方に配慮したい。	自然の中で生きる生物の一員として、まず守るべきことは伝えたい。	きれいに管理したい。
↓	↓	↓	↓
基本的に、植物も虫も自由に採ってよい。	自由に採ってよい植物、そうではない植物の場所を設ける/ルールを決める。	植物を大切に・虫は元いた場所に返す。	植物は採らない。

危険について

例えば「**固定遊具の登り降りの方向**」について考えてみると…

危ないことは自分で気付き、子どもなりに対処できるようにしたい。けがも必要。	まずけがなく安心して遊べる状態から、いろいろなことに挑戦して欲しい。
↓	↓
特に登り降りの方向は決めず、子どもに委ねる。	遊び方のルールとして登り降りの方向を決め、伝える。

▶危険をどの程度子ども自身で体験することが必要なのか（年齢・発達・環境の状況等にもよる）、それをどのように判断するかによって、ルールも変わります。

新入園児の保護者や、新たに加わる職員にルールを伝える際には、このような理念や考え方も合わせて伝えていきましょう。理念とセットになれば、ルールだけが自明なこととして伝わるよりも園を理解しやすく、安心につながります。

第2章　様々な視点からみる園庭の質

③プロセスの質〈ルール〉あなたの園庭には、どんな決まりがありますか？

4. 環境に応じて考える

環境ごとに見ていくと、どのようなルールがあり、誰が決めているでしょうか？

それぞれ、最も多い判断はどれでしょう？

➡ 保育者が決める　子どもが決める　子どもと保育者で話し合う　一律禁止

■ 子どもたちが作ったものを園庭に置きたいとき

■ 子どもたちが試してみたいことをするとき

■ 果実の採取

■ 果実の摂食（食べられる場合）

■ プランターや花壇の草花の採取、樹木の採取

■ 飼育動物との触れ合い（いる場合）

■ 木登り（登れる木がある場合）

■ 道具や遊具の使用方法

■ 雨上がりの園庭の使用

■ 降雨時の園庭の使用

■ 砂や土の移動

■ 水の使用量

☐ その他
（　　　　　　　　　　　　　　　　　　　　　　　　　）

> ▶内容によって、子どもに委ねたいこと、保育者が決めておきたいことなど、様々にあるかと思われます。
> 園の環境や子どもの経験、保育者の経験などに応じて考えてみましょう。

> いつもは保育者が決めていることで、子どもに委ねてみたいと思うことがあれば、
> まずは園での経験が長い年長児に投げ掛けてみるのも良いでしょう。

5. 子どもによる決定

子どもたちが決められることとして、どのような例があるでしょうか？

> **例えば、ルール作りや環境設定の例として、以下のようなことが考えられます。**

■ 遊具の使い方
- 保育者が見ていて危ないなと感じたことを、子どもに投げ掛けて話し合ってみる。
- どんな場面で「怖い」と感じるか、子どもに尋ねてみる。
- 低年齢児が遊ぶときの注意点や工夫について、年長児の意見を聞いてみる。
- 子どもが考えたルールを掲示できるような紙や板などを用意する（p. 46, 54 参照）。

園庭の一角、気軽に腰掛けられる場所に、図鑑などが入った本棚を出しておく（テラス等でも便利）

■ 植物や虫を採ること
- 子どもが採ってきたことをきっかけにして、この後どうするか、どうなるかを投げ掛け、話し合ってみる。
- 子どもたちで調べられるよう、図鑑などを園庭の近くに用意する。
- 低年齢児への伝え方について、年長児の意見を聞いてみる。
- 子どもが考えたルールを掲示できるような紙や板などを用意する。
- まずは、自由に植物や虫を採れるような場所を作ってみる。

■ 雨上がりや雨降り中の園庭使用
- 園庭遊び用の雨具（傘や長靴）の置き場所を設け、子どもの判断で出られるようにする。
- どのくらいの天気なら外に出られるか、子どもと話し合ってみる。

③ プロセスの質〈ルール〉 あなたの園庭には、どんな決まりがありますか？

> ▶ルールを決める過程において、子どもの判断を取り入れることも、遊びや活動の充実につながります。年齢や発達も踏まえ、環境に応じて考えてみましょう。既に子ども同士で決めている内容があれば、それも手掛かりになります。

> 子どもの判断を取り入れていくときには、そのプロセスを記録しておくことで、他の場面でのルール作りや、今後環境が変わったときのルール作りにも役立ちそうです。

6. 保護者との共有

ルールについて、保護者にはどのように伝えますか？

▶園でどのようにルールを作り、子どもの安全とともに様々な経験をどのように保障しているのかについて保護者に伝えておくことは、日頃の保育を伝えるだけでなく、怪我やトラブルが発生したときにも重要になります。例えば以下のような方法があるでしょう。

● 入園時に詳しく説明する。（説明会や逐一渡す資料）
　…理念や保育方針と同様に、入園前に理解してもらうという目的。

・「砂場遊び、築山登り、木登り、水遊び、遊具で真っ黒になって毎日遊びます。（中略）当然、洗濯の回数も増えると思います。ケガもします。」

・「大人と子どもで相談して生活を創る それがルール」「（前略）わたしたち保育園の大人たちは、トラブルは困るからとすぐに止めに入ったり、大人の価値観や都合で解決してしまうことをちょっと控える。（中略）じゃあどうしようという経験を子ども自身が学び積み重ねていかないと、誰かが解決してくれるだろうと他人事になってしまって、受身の態度を学ぶだけになってしまう。」

「おとながてつだってのぼらせないでください」
安全のためのルールとしてだけではなく、子ども自身の力で登ろうとする過程の大切さなども合わせて伝える。

● 使い方やルールを、遊具に掲示する。
　…保育時間外の園庭開放などでも、ルールを守って遊べるように。

● 保護者参加の行事や改修の際に知ってもらう。
　…説明だけよりも具体とともに伝えることができ、安心につながる。

保護者の園庭改修参加の際、子どもが新しい遊具で遊んでいる姿を見てもらい、安全に使っていきますのでよろしくお願いします、と伝えた

● 不安がありそうな場合、送迎時に個別に伝えていく。

● 新たに決めたことを、保護者会や園だよりで共有。

● その他

▶今、園庭でのルールのうちどのくらいを共有しているか、振り返ってみましょう。

必要に応じて新たな共有や、保護者の意見を聞くことも検討してみると、視点が広がります。

調査結果・レビュー

園庭でのルールについて、調査では以下のような傾向が見られました（話し合いが多かった順に示しています）。

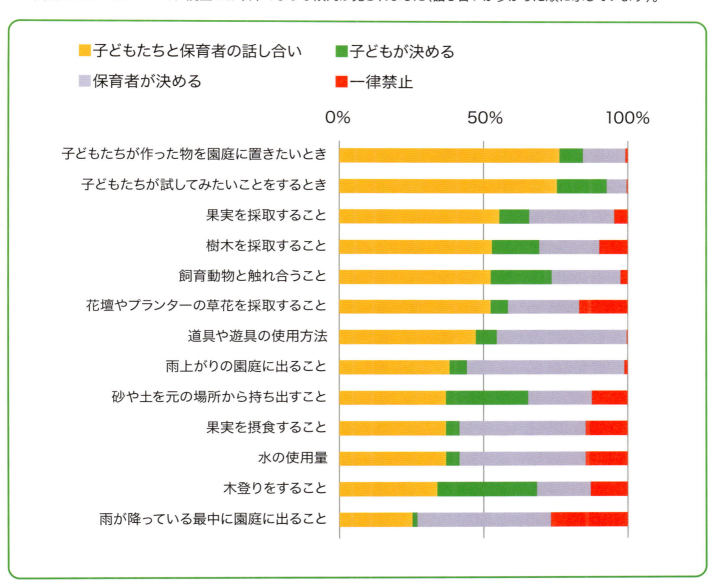

▶全体的な傾向として、「話し合いで決める」園が多いものの、安全に関わること（果実摂食、降雨中の園庭使用など）は保育者が決める（禁止する）割合が高くなっています。

安全に関わることは保育者が決める・一律禁止する、その理由として、
・特に低年齢の子どもについて言葉で伝えるのが難しいこと
・発達段階に応じた判断は保育者にとって知識も経験も必要であるために、園としてあらかじめ一律で決めておく方法をとること
などが考えられます。この点についても、年齢間での伝承や、知識経験の共有・蓄積などが手掛かりになると予想されます。

知恵袋

画用紙、木札など

遊びの状態や守ってほしいことを子ども同士で伝えたり、子どもの考えたことを可視化したりする道具になります。

「つづき」の看板

「ふきのとうがあるよ」

「遊びの時間に掘った穴

外遊び後、シートを掛ける際に
「きけん　あながあります」と掲示

保育者がもつ知識や注意点を子どもに伝える道具にもなります。

危ない虫について、
対処法と合わせて掲示

食べられる色の
キンカンの写真を掲示

倉庫の掲示で、昔からある
色々な遊び方を伝える

園庭マップ、お散歩マップ

どこにどのようなルールがあるのか、
それぞれ見直せることはあるのか、
話し合うきっかけになります。

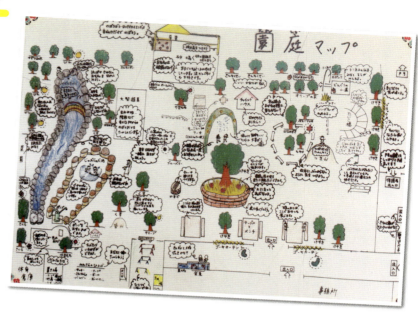

付箋、カメラ、その他

園で子どもたちの姿を共有する際に使っているものならなんでも。
　「ちょっと危ないけど、面白そう」
　「挑戦しようとしている」
　「私は、これは怖いと思った」
　「ここはルールがあったほうがいい」
　「ルールがじゃまになっているかも」
写真やエピソードをもとに、お互いの感覚を共有してみましょう。

他園の実践に関する資料

公開保育等で見た環境、Web上で見られる遊びや活動、その他書籍や研修など、
自園とは違うルールが成り立っているな、と感じた環境・遊び・活動などに着目して園内で共有してみましょう。
保育者間で、考えを共有する手掛かりになるかもしれません。

・自園でも同じように試してみたい
・自園での子どもの姿を考えると同様には難しいが、ねらいは似ているかもしれない
・保育者の許容範囲（安心レベル）として、同様には難しい
・自園の環境なら、もっとルールを緩和するかもしれない

④ プロセスの質 〈子どもの経験〉 子どもの経験から考えてみましょう

この章では、第1章で説明した"モザイク・アプローチ"の考え方を用いて、子どもの経験から園庭の遊び場を考えてみたいと思います。
実際に子どもたちが撮った画像とともに、子どもが発した「声」に触れることで、子どもたちは屋外の遊び場をどのように捉えているのか、子どもなりの場の意味付けについて考えてみましょう。

園庭の遊び場の環境を考える

屋外環境では、子どもたちは独自の視点をもちながら場と関わっています。それでは、子どもたちはどのような視点で屋外の遊び場を捉えているのでしょうか？ 子どもたちが日頃遊び場をどのように見ているのかを捉えるために、子どもたちにカメラを渡して撮ってきてもらいます。カメラのフィルターを通して、大人は子どもの目から見えている遊び場の風景を知るとともに、子どもが写真に収めた遊び場に対して、どのような思いを抱いているのか、内側にある「声」にも耳を傾けてみましょう。

1. 活動の流れ

園には、それぞれ独自の環境構成があり、そこで子どもたちは自分たちの遊びに向き合っています。その遊びは、子どもたちが自分たちで発見した遊びもあれば、園の子どもたちの中で伝承されている遊びもあります。子どもたちは、これらの場をどのように使っているのでしょうか。また、その場は子どもたちにどのように見え、そこで何を思っているのでしょうか。子どもの遊び場での経験に対するそのような素朴な疑問から"子どもの視点"の探索が始まりました。

「好きな場所を取ってきてくれる？」
カメラの使い方を説明して渡します。

細かいポイントは
知恵袋（P.65）を参照

「私の好きな場はここ！」
好きな場所を撮ってもらいます。

「どうしてこの場所が好きなの？」
撮った場所を見ながら、
その理由を尋ねます。

2. 子どもの視点

　大人は、子どもが遊ぶ姿を見て「こんな風に遊んでいるんだ」「こんなことを楽しんでいるんだ」と認識・判断する中で子どもの経験を日々捉えようとしていると思います。しかし、どんなに客観的かつ正確に子どもの遊びを判断したとしても、それが子どもの遊びのすべてを理解できているとは限りません。

　子どもたちに撮ってもらった写真を見ると、客観的に見える子どもたちの遊びの様子だけでは見えてこないものが見えてきます。それは、遊びを通して子どもなりに日々体得してきた"子どもならではの経験"から見る風景や視点であり、それらもまた好きな遊び場の一つの要素になり得ることを知ることができます。

第2章　様々な視点からみる園庭の質

④プロセスの質〈子どもの経験〉　園庭の遊び場の環境を考える

好きな場を撮る子どもの姿

大好きな木に登って、そこから見える景色を撮っています。

好きな場を撮る子どもの姿

まさに今から滑る、その瞬間を捉えようとしている一枚です。

好きな場を撮る子どもの姿

ここから見える園外の景色を眺めながらお家ごっこをしています。

好きな場を撮る子どもの姿

「僕だけの秘密の場所」と言って園庭の隅にある茂みの中を撮ってくれました。

3. 子どもの経験をより深く捉える視点

同じ子に各学期で好きな遊び場の写真を撮ってもらい、撮った理由を尋ねてみましょう。

ひとりの子の好きな遊びの場所を追ってみると、中には毎期同じ場所を挙げていることがあります。しかし、同じ場所を挙げたとしても、時期によって好きだとする理由が変化していることがあります。場の意味付けの変化やその意味付けの深まりの変化を知ることで、子どもの育ちを理解するとともに、子ども独自の場の視点の変容を追うことができます。

例えば、園庭「坂の斜面」の好きな理由は…

Aちゃんの語りの変化

（年中12月）
年長とか走っててすごいから

（年中3月）
鬼ごっこの時に早く逃げられるから

（年長12月）
みんなの動きがよく見えるから

Bちゃんの語りの変化

（年中3月）
怖いけど、頑張ってるから

（年長7月）
坂にあるロープで登ったりできて楽しいから

（年長12月）
年少とか登れなかったけど、今は登れるから好き

子どもと同様に保育者もやってみましょう。

子どもの視点と保育者の視点は異なるという調査結果が出ています（P.64参照）。保育者は子どもが好きだと思う場所を撮ってみることで、保育者自身の見方・見え方を知る機会になります。ここで大事なのは、「子どもと視点や場所があっているかどうか」ではありません。場の見方・見え方は、その場に関わる過程によっても当然異なります。子どもの見方・見え方の違いを知ることで、場がもつ多様な視点や気付きを得るとともに、場の広がりを感じることができます。その気付きこそが、保育者の専門性を深めることにつながると言えます。

うちの園は、園庭が狭いと思う。この場は、ドロケイなどの激しい運動をする子がいる中でも座ってじっくり遊んでいる子がいるなど、動線が気になる中でそれぞれが思いをもって遊んでいる。だから、危険もあるけれど、狭いからこそ子どもたちが配慮しあって遊ぶし、場をうまく活用しながらルールを自分たちで作るなど、生き生きとした子どもの姿があるから好きだと思った。

砂場は、乳児も幼児も好きなんだと思う。水を使って固めたり、ほぐしたり、掘ったり積み上げたり、いろいろな土を混ぜたりなど、子どもの発達に応じて素材としての可塑性をそれぞれが楽しみ、没頭している姿があり、いつもその子なりの試し、挑戦があるから。

泥だんごを作るのが好きな子がここでじっくり腰を据えて作っていたり、一方でドロケイなど、地形を生かして動き回ったりと、この場所はいろいろな遊びで大活躍している。その年の子どもたちによって使われ方は違うけれど、一年を通していろいろな使われ方をする場所で、私も毎回発見を得る場所。そういった意味で子どもたちは思い思いに活用できるので、好きだと思う。

このウッドデッキは、外と中の両方を見られる場所。遊びが見つからない時もそうだけれど、楽しいことをいろいろな子に見せたい時など、子どもたちはよく訪れるかな。場の性質を生活の中で学んでいるのだと思う。子どもたちの活動のオンとオフが入り混じる面白い場所だから。

子どもが好きな 11 の場の特徴

　園の 4,5 歳児 196 名に写真を撮ってもらい、彼らの好きな遊び場とその理由を聴きました。子どもが好きだと回答した理由をまとめ、分類し、11個の特徴を発見しました。

1. 隠れて遊べる場	大人の視線から離れて秘密を有する閉鎖的な場
2. 過去の経験が思い出される場	過去の肯定的な感情や様々な経験が蓄積された場
3. 多様性、選択可能性がある場	多様な選択肢がある中で自分で決めることができる場
4. 挑戦ができる場	自分なりの目標に向かって挑戦できる場
5. 他者から大きな刺激が得られる場	同・異年齢から刺激を受けたり受容されたりする場
6. 幼児なりのルールや決まりが生まれる場	異年齢児や友達との関係の中でルールが生まれ、共有する場
7. 誰か（何か）と出会うことができる場	友達と約束し集まる場や、偶然に友達に会える場
8. 願いや望みをもつことができる場	そこにあるものを通して、「こうしたい」「こうなったら」とイメージをもつことができる場
9. 常にある場	移動することがなく、いつ行ってもそこに存在する場
10. めまい (回転の揺れや落下のスピード感など) を感じる場	回ったり、急降下したりすることで身体がゾクッとする場
11. 高低差がある場	自分の目線を高くしたり低くしたりと変えることができる場

1. 隠れて遊べる場

園庭隅の茂みの中
「僕だけの秘密の場所」

土管の中
「かくれんぼとかで隠れるから」

2. 過去の経験が思い出される場

複合型遊具
「ここでかくれんぼの時1位だったから」

坂の斜面
「年少とかは登れなかったけど、今は登れるから好き」

3. 多様性、選択可能性がある場

砂場
「お山ができるしケーキとか
電車もできるから」

坂の斜面裏
「駐車場にぴったりだし、
ここでお家ごっことかもできる」

4. 挑戦ができる場

グラグラ橋
「グラグラするから難しいけど
走って渡る」

木登りの木
「きく組（年長組）さんは登れるけど
僕（年中）も登ってみたいから」

5. 他者から大きな刺激が得られる場

物見塔
「学校のサッカーが上手で
見られるから」

ログハウス下
「（他の子が）きれいなおだんご
作っていてすごいなって思って」

6. 幼児なりのルールや決まりが生まれる場

築山
「ここはドロケイで
鬼が入れないところ」

グラグラ橋
「年少さんが渡れないと
手伝ってあげる」

7. 誰か（何か）と出会うことができる場

樹木
「登ると
クワガタに会えるよ」

ウッドデッキ
「ここで遊ぶとかりん組（未満児クラス）が
来るから一緒に遊ぶ」

8. 願いや望みをもつことができる場

水路
「水が流れるとキラキラで、
橋ができるといいなって思う」

斜面の土
「恐竜の骨が
出てきそうだから」

第2章　様々な視点からみる園庭の質

④プロセスの質〈子どもの経験〉　子どもが好きな11の場の特徴

9. 常にある場

物見塔の地下
「いつもゆっくりおだんごが
作れる場所だから」

園庭全体
「ここに来るとドロケイ
しようってなる」

10. めまい（回転の揺れや落下のスピード感など）を感じる場

降りる棒
「降りる時シュンって
早いから」

ネット
「ピョンって跳ぶと
体がヒュッてなるから」

11. 高低差がある場

降りる棒
「下を見ると
ドキドキするけど楽しい」

木登りの木
「てっぺんまで登ったら
高くて楽しいから」

地域環境における子どもの視点

園外の地域環境においてもモザイク・アプローチを用いて子どもたちに聴いてみました

第2章 様々な視点からみる園庭の質

④ プロセスの質〈子どもの経験〉 地域環境における子どもの視点

風景（家）
「家が遠くから見たら小さかったけど、近くで見たら大きかったから」

木登りの木
（木に登って撮っています）
「いつも友達に木登り教えてるから登れるようになったし、楽しいから」

公園隅の茂み
「お花とか秘密基地で好きだから」

斜面の草むら
「花とか実とかあって、なんかジャングルみたいだから」

斜面の花
「恐竜の足跡とか探すときにチョウチョウとかミツバチとか見てる」

芝生斜面
「ゴロゴロ転がって楽しいから」

保育者
「ここで遊ぶとき、いつも先生がいるなって思うから」

調査結果・レビュー

1. 屋内環境・屋外環境・中間環境それぞれの調査をしました

	園1 (N=65)	園2 (N=62)	園3 (N=121)	園4 (N=71)	園5 (N=28)	園6 (N=98)	園7 (N=59)	園8 (N=33)
1位	保育室 16.9%	保育室(制作) 33.9%	園庭(遊具) 47.1%	園庭(遊具) 56.3%	園庭(遊具) 39.3%	広域遊戯スペース 43.9%	園庭 23.7%	園庭(遊具) 33.3%
2位	広域遊戯スペース 16.9%	園庭(遊具) 30.6%	保育室 9.9%	保育室(人工物) 32.4%	園庭 25.0%	園庭 23.5%	園庭(遊具) 23.7%	園庭(植栽) 30.3%
3位	園庭 16.9%	園庭(植栽) 17.7%	保育室(制作) 9.1%	保育室(制作) 5.6%	広域遊戯スペース 17.9%	園庭(遊具) 12.2%	別空間 15.3%	園庭 18.2%
4位	園庭(遊具) 13.8%	廊下 8.1%	広域遊戯スペース 8.3%	デッキ 2.8%	廊下 7.1%	保育室 9.2%	絵本の部屋 13.6%	保育室(制作) 9.1%
5位	園庭(植栽) 4.8%	保育室(飼育物) 4.8%	園庭(植栽) 廊下 6.6%	園庭 園庭(植栽) 1.4%	保育室 デッキ 別空間 3.6%	絵本の部屋 7.1%	保育室(制作) 8.5%	デッキ 6.1%

赤枠は屋外環境を示す

屋内・屋外・中間環境のすべてを含めた園環境において、子どもたちにどこが好きな場所かを尋ねた結果、上記の表のように回答がありました。子どもにとっての好きな場所の数は、屋内環境と屋外環境でほぼ同数であることが分かりました。ここから、保育室の環境構成と同様に屋外環境を意識することもまた重要であることが考えられます。

2. 保育者は"幼児の好きな遊び場"の特徴をこのように捉えています

園 特徴名		A園	B園	C園	D園
空間要因 (空間の性質を示す要因)	多様性・選択	14.9%	18.6%	5.3%	7.7%
	秘密・隠れ家	7.4%	9.3%	0%	15.4%
	想像性・創造性	9.6%	4.7%	0%	0%
	開放性・明瞭性	10.6%	4.7%	5.3%	0%
	伝承・刺激	4.3%	0%	0%	0%
	受容	3.2%	2.3%	0%	0%
状態要因 (幼児の内面の機微を示す要因)	夢中・没頭・工夫	9.5%	16.3%	26.3%	15.4%
	経験・振り返り	1.1%	0%	10.5%	0%
	変容	2.1%	0%	5.3%	0%
	観察・休息	3.2%	11.6%	21.1%	7.7%
	一般他者	17.9%	27.9%	21.1%	30.8%
	出会い・合流	9.5%	2.3%	0%	23.1%
	協力	1.1%	2.3%	0%	0%
その他	見通し	5.3%	0%	5.3%	0%

注:四捨五入の関係で、総計が100%にならないものもあります。

保育者が想定する"幼児が好きな遊び場"の性質と幼児自身が回答した場の性質とを比べると、保育者と幼児の傾向には違いがあることが示されています。

対象 特徴	保育者	幼児
空間要因	40.6%	14.1%
状態要因	55.9%	85.9%
その他	3.5%	0%
総回答数	100%	100%

保育者が想定する"幼児の好きな遊び場"は、"空間の性質"を示す「空間要因」と"幼児の内面の機微"を示す「状態要因」の両面が配慮されていることから、保育者は園環境がもつそれぞれの特徴や子どもの姿など、多面的に幼児の好きな遊び場を見取っていることが示されています。

3. 保育者は"子どもの好きな遊び場の機能"からこのような場を想定しています

遊び場の機能別	保育者が想定する子どもの遊び場		
1. 隠れて遊べる場	複合型遊具、遊び小屋、樹木、トンネルなど	6. 子どもなりの決まりやルールが生じる場	砂場、複合型遊具、園庭全体、すべり台など
2. 一息つくことができる場	縁側・デッキ・テラス、ベンチ、遊び小屋など	7. 子どもが目標に向かって挑戦できる場	鉄棒、うんてい、園庭全体、砂場など
3. 繰り返し同じ遊びができる場	砂場、複合型遊具、すべり台、鉄棒、園庭全体など	8. 待ち合わせをしたり、自然と集まれる場	砂場、園庭全体、遊び小屋、複合型遊具など
4. いろいろな発想を形にできる環境	砂場、土の場所、園庭全体など	9. 想像を膨らませることができる環境	砂場、園庭全体、土の場所、遊び小屋など
5. 他の子どもの遊びを見ることができる場	園庭全体、砂場、複合型遊具、開けた空間など	10. 五感を働かせる(意識できる)場	砂場、園庭全体、花壇、菜園、樹木など

園長、保育者(副園長、主任、担任等)、事務員の回答を左表にまとめました。園環境や役職は多様であるにも関わらず、子どもの経験を見る視点は類似していることが分かりました。

> 知恵袋

1. カメラは、操作性と機動性が重要

　使い方が複雑だと、最初の時点で子どもも嫌になってしまいます。「やってみようかな」という気持ちを大事にするためにも、ワンプッシュで撮れるような使い方の簡単なカメラを選ぶと良いです。また、撮りたいときにすぐ撮れるような、機能があるとより良いです。

2. 子どもたちがカメラに慣れることが大事

　子どもたちにカメラを渡すと、最初もの珍しさからいろいろなものを撮りたがります。子どもたちの日常の視点を写真に収めてもらうためにも、事前にカメラに触れて撮る時間を設けるなど、カメラに慣れてもらうことも大事です。

3. 子どもたちの生活を優先させること

　大人は、つい一度にすべてのことを終えてしまいたくなりますが、子どもたちの集中・関心がもつ時間は千差万別です。また、遊びの状況によっては、「今日はやりたくない」と言うこともあるでしょう。子どもの視点を知りたくても、子どもの生活を妨げてしまうと本末転倒です。子どもたちの生活に邪魔にならない範囲でやりましょう。

4. 子どもたちの好きな場の理由をさりげなくも丁寧に聴くこと

　「子どもの活動や経験」の意味を知るためには、子どもなりの理由を語ってもらう必要があります。そして、大人はそれを聴き取ることが重要です。「どうしてこの場所を撮ろうと思ったの？」「なんでこの場所が好きだなって思ったの？」と子どもが話しやすくなるタイミングや場を設けましょう。

　また、しつこく聴いたり、一つのことを追及したりしすぎると、子どもによっては大人の意図を探るように回答してしまいます。さりげなくも丁寧に聴くことのバランスに配慮しましょう。

⑤ モニタリングの質 — 情報共有　情報共有を考える園庭研修のすすめ

　より豊かな園庭の環境づくりに向けて、様々な人々が園庭など戸外環境に関する気付きを伝え合うことは重要です。園庭に関する情報の共有がある園は、園庭環境が多様であることが多いようです（P.72 参照）。「情報共有」は、他者に伝えるための**振り返り**、伝え合い聞き合う中で生じたり発見されたりする**価値や課題に出会う**ことを可能にします。戸外環境での出来事を振り返ってみて気付き、それが表現されて、意味付けたり、価値付けたりして環境とそこでの保育が整理され、その過程を通して新たな考えや課題が浮かび上がっていく。情報共有によって生み出されるそうした産物が、園庭の環境をより豊かなものに変えていくのではないでしょうか。
　では、どのような情報共有の仕方が良いのでしょうか。ここでは主に、情報を共有する仕組みや方法を工夫し、園庭の環境を変えていかれた園に関する事例から、そのポイントを考えてみたいと思います。

園運営に欠かせない「情報共有」

　情報共有はこれまで、「伝える」「受け取る」「伝わったかを確認する」という方法がとられ、最後に伝えた側が情報の伝わりを確認することで「終了」とされていました。しかし、組織の生き生きとした展開において、それだけでは必ずしも情報が足りているとはいえないことが、指摘されています（中原他、2009）。
　次への展開、つまり今と変わることに必要な情報共有には、その情報に意味が加わっていくことが必要です。発展していく、変わりゆく組織になるためには、発信される情報の中に、伝える側の思いがあり、また受け取る側の姿勢に、それを受け取りたい、もっと知りたいと思う気持ちがあることが必要不可欠です。

変わりゆく組織へ…

　また、「情報共有の大切さは分かるけど時間が無い」という意見もあります。確かに、情報の共有化には一定の時間の確保が必要です。よって共有の内容や道具を工夫すること、特には今ある物や今やっていることを見直すことが最初の取組みになります。

- 既存の場、方法や道具の見直しについて
- 共有する内容について
- 園内だけでなく、園外との関係構築について

伝えられる「場」
伝えたい「内容や思い（ワクワク）」
伝えやすい「道具」が必要

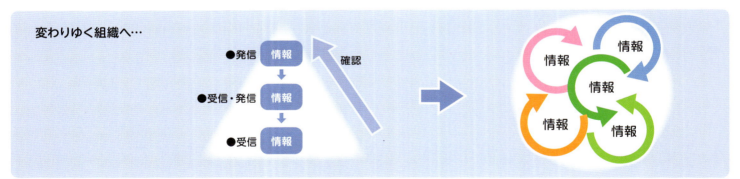

事例をもとに、園がより良く展開していくために必要な情報共有におけるpointを見つけていきます。

情報共有

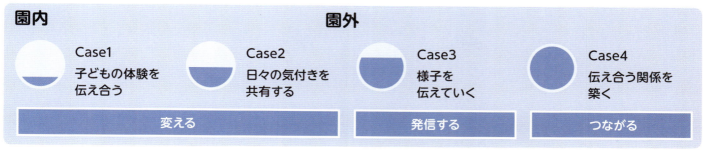

園内	園外		
Case1 子どもの体験を伝え合う	Case2 日々の気付きを共有する	Case3 様子を伝えていく	Case4 伝え合う関係を築く
変える		発信する	つながる

園内

園庭での子どもの体験をより豊かにするために、何を変えていけばよいか。
そうした時、園庭での子どもの様子について、情報を集め、共有し、方法を検討する必要があります。そのために…

CASE1：園庭での子どもの体験を伝え合う

1. 今ある組織を見直す：園務分掌を見直してみる

多くの園では、既に園の運営を支える様々な係（園務）があると思います。まずはこれら既存のものの見直しから始めてみるというのはいかがでしょうか。その際、何を目指した変更なのか、組織としての目標と園務の目的を共有していることは重要です。例えば「子ども理解をより深めるため」など、組織としてどのような目標をもち、そのために必要な園務づくりを考えるというようにして、変える目的を明確にし、それらをメンバーと共有した上で既存の組織を変えていくという、見直しの過程を伝え合うことも大切です。

POINT
- 日々の保育編成や勤務年数等を**ばらした構成**
- リーダーをつくらない係りの設定
  → 多様なチーム編成を同時進行させることによって様々な情報が**自ずと結びつく機会を増やす。**

2. 保育者の働く環境を変える：方法を増やす / 道具を変える

POINT
- 保育者の個性に応じて、**色々な伝え方（道具）**を用意する。
  例：パソコン、タブレット、スマートフォン、デジタルカメラ、ホワイトボード、ノートなど色々用いて、見える形に。
- 保育者が「伝えたい」と思ったことが、そのまま**すぐに実現できる環境**を設定する。
→ **可視化**されることにより思いが具体的になる。より**実現可能性**が高まる。

第2章 ⑤モニタリングの質　園運営に欠かせない「情報共有」

3. 実行する。実践を変えてみる：
園庭の遊具を設置型から移動可能型へ

　室内の環境設定と園庭などの屋外の環境設定の違いの一つに、物の大きさの違いと物の固定の有無があるかと思います。屋外に設置されたものの多くは、大きくて固定されているのではないでしょうか。こちらの園では、固定されていた大型遊具の下に車輪を付けることで大型遊具の移動を可能にされました。この工夫によって、その時々に異なる子どもの興味・関心に合わせた園庭の環境をつくろうと保育者が語り合い、実践していくことも増えたようです。

POINT
- 保育者の「やってみたい」を実行する。また、「やってみたい」が実現可能な環境を設定していく。
- 園庭に応じた活動を考えるだけでなく、子どもの活動や心情を中心とした物理的環境との関係を考慮した保育計画の立案が可能になる。
- → 環境が変わり、状況が変わることで共有する（したい）情報が更新されていく。

CASE2：日々の気付きを共有する　スタッフルームを変えていく…

POINT
- みんなが**いつでもアクセスできる場所**を活用する。
- **簡単に伝える**。自園の園庭図を用いることで、見たことをそのままに表現できる。
- 簡単な**ルール（付箋の色分け等）**を設け、見る側も簡単に理解できるようにする。
- → 日々の展開に迅速に対応することができる。言葉が残されることで、その言葉をきっかけにして質問が生まれるなど、**互いに聞き合う資料**ができる。

第2章　様々な視点からみる園庭の質

CASE3：園庭での様子を伝えていく　園外に伝えていくことを意識して…

園庭での子どもの様子や保育実践について、日々をともにしない誰かに伝えるために考えていくことは、それぞれの保育者が意識しないで実践していたことに気付くなど、「当たり前」を見直すきっかけになります。結果、実は園内でも共有されていなかった情報が見えてきたりすることもあります。

1. 伝える対象を意識する：保護者に伝える

POINT
- 対象を意識する。保護者を対象にした場合、**丁寧（具体的）で明確な説明**が必要となる。
- 短時間で見ても**分かりやすい表現**にする必要がある。
- → 対象を意識することで、伝えるために**工夫すべき点が明確**になる。

「保護者に全部戻しましょう…。せっかく子どもがいるんだから現場から発信しましょう。保護者にも言うので分かりやすくしよう。抽象的なテーマを挙げすぎると何をしていいかで1年たってしまうので、明確にテーマ設定しましょう。…」

第2章　⑤ モニタリングの質　園運営に欠かせない「情報共有」

2. 情報にするまでの過程を見直す：既存の園内研修とセットにする

幼稚園の玄関ホール。例えば行事に参加した際、母親が保育者と話したり、他の母親と話し込んだりする中、掲示に目を通す父親の姿がある。このスペースは情報開示の他、父親の一つの居場所にもなっている。

POINT
- 園児募集の説明会や玄関ホールでの展示など、**既存の機会を活用**する
- 業務の拡大や拡張ではなく、**つなぎ合わせる**。例えば「日々の保育」＝「園内研修」＝「園外への説明」等々、実践（業務）をつなぎ合わせる。
- → **日々の中で**、目指したい事（一人ひとりの子どもに最適な保育環境を実現させること等）に**必要な情報が集約されていく**。

3. 内容を実現可能なサイズにする：一枚にまとめる

POINT
- 枚数や作成時間にあらかじめ制限を設ける。
- 単なる保育の報告ではない。それがどんな意味や価値をもつのか、保育の専門家として捉えた**意味付けや価値付け**を表すことが重要。その際、誰もが共有できる言葉を使用する必要がある。**指針や要領などの言葉**が参考になる。

→ **持続可能な実践**を目指す。「やりきるまで」から「もう少しやりたい」くらいで区切りをつける方が、次に続いていくという場合もある。また**自園の理念、指針や要領に示されている言葉**と結びつけると、日々の実践の意味や価値が自覚化され、保育が**より体系的**になる。**保育者の安心**につながる。

CASE4：伝え合う関係を築く

1. 園で必要な物や事を伝え、助けてもらう

新設園。植物がなく、行事をするにも物が不足している状況で、地域の方々や地区役員の方に竹が欲しいことを伝えたところ、いただくことができた。そのまま行事にも参加していただき、園児と地域の方々との交流行事になった。

POINT
- 園がどのような活動をしているのか、何を必要としているのかを伝え、地域の方々からアイディアをもらう中で、情報を伝え合う関係を築いていく。
- → 互恵的関係を築く。

⑤モニタリングの質　園運営に欠かせない「情報共有」

2. 共有空間を設置する

園児の保護者や地域の方々が利用している園横に併設されたカフェ。

POINT
- 地域の方が利用できるような空間をつくる（一般図書や地域の情報誌の設置・カフェ等）。
- 地域の資源と園の資源が交流する場となる設定。
- → 大人も子どもも、様々な世代が利用できる空間をきっかけにして、少しずつ情報が共有され、関係が構築されていく。今ある地域の資源が見つかる可能性が高まる。地域の資源は、持続可能な園運営の支えになる。

調査結果・レビュー

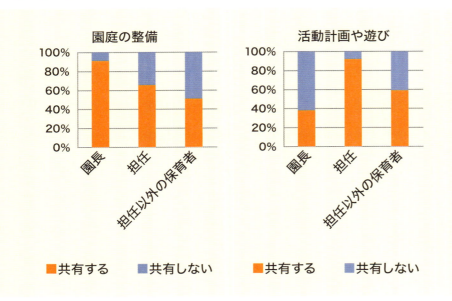

情報共有の有無は内容によって異なるようです。例えば「園庭の整備」については、園長との共有が多く、「活動計画や遊び」については、担任との共有が多いようです。

誰と、何を共有することが、園庭の何と関係するのでしょうか。

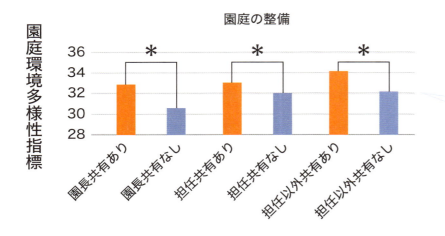

情報共有をしている園は園庭環境が多様です。

園庭環境の多様性と情報共有の有無は関係があります。

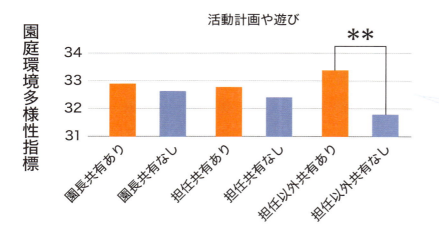

担任以外とも情報を共有している園は園庭環境が多様です。

第2章　様々な視点からみる園庭の質

知恵袋

付箋

- 共有の機会を増やす
- 聞き合う資料
- 集約する

小さな付箋は、安価で手に入りやすいこと、書き込むスペースも限られていること、繰り返し付着と固定が可能な糊が付いているので操作性が高いことなどが特徴として考えられます。

園庭を記録する

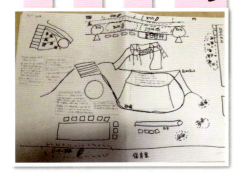

- 集約
- 明確化
- 具体化
- 聞き合う資料

一般に園庭は、園で過ごす全員が使用する「共有スペース」になっています。そのため、園庭環境を変えていくには関係する全てのスタッフが見られて、参加できるものである必要があります。また、子ども達もその日遊んだ場所や内容をシールや絵、文字などでそこに書き込むことができるような用紙も用意されていても良いかもしれません。保護者も含め、多くの方が目にすることができる場にあるなどして、記録されていく過程を楽しむのも良いと思います。

資源の発見

屋外環境の魅力の一つは、時期によって様々に変化していくことです。それを書き出していくだけでも、屋外環境での保育の可能性を感じることができるのではないでしょうか。写真は園庭の環境ですが、その他の屋外環境についても同じように作成することはできます。例えば地域の環境ならば、保護者の方や地域の方々にも参加いただき、街の中でお子さんが気になって教えてくれた物、固有の物語があるような場所などの情報を集め、それらを地図上に書き出していくのも、保育の振り返りや課題の発見、ワクワクづくりに役に立つのではないでしょうか。

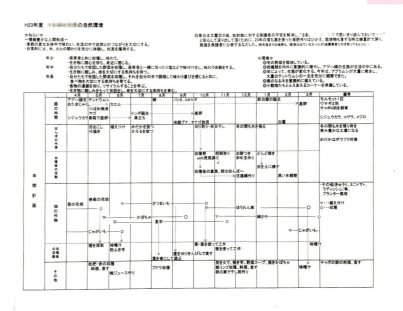

⑤モニタリングの質　調査結果・レビュー／知恵袋

❻ コミュニティーの質

地域や保護者の方とはどのように関わっていますか？

ここでは「拡張された園庭」としての地域資源、そして保護者・地域との関わりや世代間交流について、調査協力園での事例をもとにしながら、経緯や意義を考えていきます。交流が園庭を変えるきっかけとなる場合もあれば、逆に園庭に足りない資源や文化を地域に求めたことが交流のきっかけになる場合もあるでしょう。その過程を通した園庭やコミュニティの変化を見てみましょう。

拡張された園庭

　園内において、子どもたちのために設定された戸外環境である園庭やテラス、屋上などの空間は、自然物との出会いや保育室を超えたダイナミックな活動とやり取りを生み出す可能性にあふれている等、その魅力は数多くあります。また戸外環境は、そうした固有の物理的環境との経験に留まらず、送迎時における保護者の方の利用や地域の方のエントランスとして、出会いとつながりの場になるという特徴もあります。

　そして園外の地域環境では、園庭では得がたい物理的環境、地域の様々な人々との出会いなど、園外ならではの環境や経験が得られる可能性があります。例えば田畑や神社、森林、川、バス停、郵便局などにおいて、園内と異なる出会いがあるでしょう。何より、自然物が季節によって緩やかに起こす変化は、穏やかな変化として受け止めることができます。そうした地域の自然環境にある多くの変化を、それぞれの気づきで楽しみ、それを伝え合い、共に感じて味わう経験も期待できます。その他、地域には色々な本物があることも魅力の一つです。様々な人や仕事、社会の暮らしにある様々なモノ(本物)との出会いは、子どもたちと保育者に、新しい経験と感動、展開の可能性をもたらしてくれます。そのような出会いの中で培われていく地域でのつながりは、その後の園づくりや戸外活動の支えに、また園庭づくりのヒントになることもあるでしょう。

　このように園外の地域環境を、「拡張された園庭」として捉えていくこともできます。

課題、難しさ

　一方で、園庭を保護者や地域に開いていくには様々な課題があります。例えば、行事参加における保護者の負担感や多忙感、様々な人が関わる際の安全管理、地域の人々の園に対する思いが多様であること、公共の場を活用する際の限界、などです。課題がいくつか重なると時間やエネルギーが必要で、なかなか実施に踏み切れない場合も少なくないでしょう。

> ここでは地域資源、保護者との関わり、世代間交流という3つの事例から考えていきます。

「拡張された園庭」としての地域

子どもたちに様々な経験をさせてくれる地域。どのように生かしていけばよいのでしょうか？ここでは、園庭と合わせて、園周辺の地域も子どもにとって大切な環境と捉え積極的に活用する、認定こども園捜真幼稚園（神奈川県）の事例をもとに、工夫のヒントをご紹介します。

認定こども園捜真保育園での地域活用のねらい
① 園庭にないものに出会う
② 本物に出会う
③ 専門家に出会う
④ 近所の人・知らない人と話す

特に、1-2歳児は毎日散歩に行きます。
・園庭では年の大きな子が活発に動き回るため、小さな子たちが自分たちのペースで過ごせるように。
・1-2歳の時にこそ歩く・走る力を付けたい。

1. 自園の周辺環境の特性を生かす

・住宅地が多いため、車通りが少なく安心してお散歩ができます。また、道端で地域の方と出会う機会も多いです。地域の方々もいつも話しかけてくださったり、お庭のお花をくださったりと子どもたちに良くしてもらっています。

・坂道が多いため、すべり台遊びや駅伝遊びなど、上り下りを楽しんでいます。また、街を見下ろすなど高低差のある地域景観も散歩の楽しみです。

・道沿いの草花は、動植物と触れ合う大切な場所になっています。

認定こども園捜真幼稚園さんの周辺環境
- 道
- 公園
- 工事現場など一時的な環境
- 郵便局や交番など町の施設
- 小中高校、大学など教育施設

自分たちの生活の仕組みやお仕事を見せてもらいます。

お散歩時、近所の方がお庭の花をくださいました。

公園では園庭とは異なる環境で、いつもと違う遊びができます。

子どもたちのお散歩圏内に、小・中学校、高校、大学があります。

・小学校には水辺ビオトープがあり、たくさんの動植物がいるため、頻繁に遊びに行きます。休み時間には小学生に遊んでもらうことも。

・大学には、様々な種類の木があり、木の実や葉っぱを拾って遊びます。警備員さんとも仲良しです。

・中学校や高校では、お散歩中にトイレを借りたり、運動会の練習や文化祭を見せてもらったりします。子どもたちは刺激をもらい、日々の遊びにつながっています。

地域の大学構内

公園の大きなすべり台

小学校のビオトープ

園周辺の魅力を知り、生かしていくことで、子どもたちの育ちの場としての可能性が広がっていきます。

第2章 ⑥ コミュニティーの質　拡張された園庭／課題、難しさ／「拡張された園庭」としての地域

2. 本物から学ぶ

その時その時子どもたちが興味をもっていることに即して、お散歩や遠足に出かけたり、専門の方に園に遊びに来てもらい、本物の体験をさせてもらいます。子どもたちはこうして本物を見て、質問したり遊びの中でまねたりしながら、自分の暮らしを取り巻く社会を理解していきます。

散歩道にある工事現場は大好きな場所。手作り誘導棒を持参して。

手紙を出しに郵便局に行き、お仕事についても質問。年賀状販売もさせてもらいました。

子どもの間で駅伝が流行った時は、地域の大学の陸上部に来てもらい一緒に駅伝をしました。

3. 地域資源を、園庭の素材としていただく

近隣に竹林があり、所有者さんから了承をもらい、園庭での遊び道具や遊具用に竹を採らせていただいています。竹は、水を流す遊び道具になったり、既存遊具と組み合わせたり、地面に突き立てて登り棒にしたりと活用しています。

近くの竹林。

忍者遊びが流行った時には、遊具と遊具を竹でつなぎ、修行屋敷を作りました。

既存の板状ブランコを外して、5-6人用竹ブランコに変えることも。皆で力を合わせて漕ぎます。

地域の竹でやぐらを作り、保護者を招いて夏祭り。

地域の方々とどうつながる？

地域の方々との関係を育んでいく上で、意識されていることは、「挨拶すること」。
園のお祝いの日には、地域のお世話になった方々に贈り物を子どもたちと届けます。
また、町内会の会長さんに学校評価委員に入ってもらい、こうした交流を通して地域の場や人とのつながりが支えられています。

つながるきっかけ「地域資源」

お散歩時に「いい竹があるなぁ」と気になっていた竹林。そこで園の先生が、竹林周辺の家々に聞いて回り持ち主の方を探しました。持ち主さんは、地域で暮らすおばあさんでした。竹をいただけないか相談すると、「いつでも好きなだけ持っていっていいよ」と快く了承してくださいました。

それからは竹をいただく度に挨拶しに行っています。子どもたちと伺うと、誰だかすぐに分かってうれしそうにされ、「子どもたちのために」と喜んでくださいます。

つながるきっかけ「専門家」

園長先生は常々アンテナを張り、出掛ける先々では出会う専門家と名刺交換されます。こうしてご縁を大切にする中で、子どもたちが興味をもった時には、子どもたちへ本物を見せてもらえないかと相談します。

地域の大学の部活動は様々に協力して下さっています。大学事務局や大学で働く保護者から紹介してもらいます。

子どもたちが興味をもった時にその興味に即してお出かけするなど、**園の機動力を高めるために、**行事など園のスケジュールも見直しています。

第2章　様々な視点からみる園庭の質

保護者との関わり

　園庭は、保護者に子どもたちの遊びや活動、行事の様子などを伝える重要な場です。屋内と比べて気軽に入っていきやすく、保護者・子ども・職員間のしぜんな交流が生じる場でもあります。また、保護者が園庭づくりや園庭での行事に参加することで、保護者の保育理解が進むだけでなく、園庭環境がより豊かになっていく園もあります。

　ただし、園庭での保護者との関わりは、きっかけをどのようにつくるのか、園庭の使い方をいかに伝えるかなど、難しいことも多くあります。ここでは和光保育園（千葉県）での事例をもとに、工夫のヒントをご紹介します。

⑥コミュニティーの質　保護者との関わり

1. 交流の場所をつくる

●イスやベンチ、テーブルなどを置いておくと、気軽に腰掛けて話せる場になります。

●テラスやデッキ、ログハウスなどがある場合、それらを活用し、集まって話せる場をつくることもできます。

→いずれも、子どもが遊んでいる様子が見えることで、普段の保育の様子が分かったり、安心につながったりします。

●日曜日、保育がない時間などに園庭を開放するという方法もあります。

→園児や地域の子どもたちの遊び場としての利用に加え、フリーマーケットやバーベキューなど、保護者主催のイベントなどにも用いることができます。

入園時に渡す資料

月ごとの遊びを描いた園内マップ

2. 日頃の情報共有（p. 66 参照）

交流の場づくりと合わせて、園庭での保育のねらい、大切にしていることについて、日頃から保護者に伝えておくこともポイントです。

●入園前にあらかじめ伝えておく方法。

●園だよりなど、普段用いているコミュニケーションツールの活用。園庭に特化したもの（「園庭だより」等）を作っている園もあります。

●視覚的に理解しやすいもの。写真による日頃の園庭での遊びの様子の共有や、園庭マップを使った共有など。

→少しずつ伝えていくことで、「園庭での子どもの姿」についての理解にもつながっていきます。

3. 園庭づくりや行事等への参加の機会をつくる
　　…インタビューで伺った内容から

●デッキ等を保護者のチームで作った
　プロの業者が教えてくれる場合も、「サポートに徹する」。**実際に作業をするのは素人**だが、同時に「プロがいたおかげで自分もこうやってやれるんだ」という「達成感」を味わう経験をしました。

　→保護者自身も例えば家を建てることへの憧れの気持ちなどがあります。整地の作業をした後「今日も1日遊ばせてもらってありがとうございました」と言って帰る保護者もいました。つまり、**保護者自身が楽しさを味わっていました**。

●図書館の貸出係も、保護者によるボランティア

●けがなどの伝え方の工夫
　→保護者の考え方も様々。けがをしたとき、その事実だけではなく**生活の物語の中**で「こういうことが起きてしまって、それでけがもしちゃったけど、そこでこういうことも学んだ」「自分としては回避するってことを覚えた」ということを伝えていきます。その中で、保護者もけがの意味が少しずつ分かってきます。

●保護者の存在をどのように考える？
　→保育者の集団だけで引き受けて考えられることは人間全体で考えると「狭い」「ある偏った経験」でもあります。**自分たちではできないことをする**ために、誰かの力を借りたいです。そこで**一番身近なところにいたのが親**であり「親も一緒になって巻き込んだら、私たちでできないことのもうちょっと広いところが伝えられるんだろうな」という考え方です。

●保護者参加のきっかけについては？
　和光保育園のインスピレーションもあり、保護者とともにプールづくりを行なっている園（P.94）では全員の参加が前提ではなく、最初は少人数から始まり、**口コミや写真の掲示などをきっかけ**に少しずつ増えていった、という声も聞かれました。

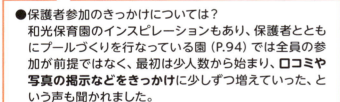

保護者による、夏のプールづくりの様子

園庭と世代間交流

　核家族化が進み、乳幼児が育つ環境において小学生以上の児童世代と高齢の祖父母世代との関わりが著しく減少していることが懸念されています。そのような社会背景を抱えているからこそ、次世代を担う乳幼児が、多様な人と出会う中で、憧れや思いやり・慈しみの心をもって高齢者や地域の人々と触れ合うことを希求する声が挙がっています。

　乳幼児施設においては、子どもたちと児童・高齢者や地域の人々との交流を通して共生を目指した取り組みをしている園があります。今回、認定こども園泉北園（大阪府）の取り組みを紹介する中で、園庭における世代間交流のきっかけや使い方に関する工夫のヒントを探りたいと思います。

1. 乳幼児と高齢者の交わりの中で育つ

　泉北園は、保育園と特別養護老人ホームの併設施設となっており、乳幼児から高齢者まで多様な年齢層の人が交わり支え育ち合うことを目指しています。緑豊かな園庭を挟んで園舎と施設が併設しており、園庭は両者をつなぐジャンクションとして位置付けられています。隣接地には、2015年に地域密着型特別養護老人ホームが開設されました。施設の1階は地域交流が目的のカフェがあり、保育園の子どもたちも出向いては地域の方々や高齢者との触れ合いを経験する場として活用しています。

2. 園庭は交流の場

　「園庭は乳幼児と高齢者とをつなぐ交流の場であり続けたい」「園庭で季節を感じる経験・外で遊ぶ経験を増やしたい」という思いから、園庭改造を行いました。造園の専門家の助言を受け、48種類の樹木が選定されました。日々の保育では昆虫も増え、自然や生き物と触れ合う生活が生まれました。

3. 四季の変化を学ぶ環境

　園庭は子どもが日常的に身体を動かす場であるとともに、随所にある植樹から四季折々の自然に触れ、高齢者と出会い触れ合う場になっています。園庭は多様な交流が生まれる場となっており、「0歳児の赤ちゃんから100歳以上のお年寄りが楽しめるものを」というコンセプトを実現しています。

4. 共同作業で、知恵を伝承

　子どもたちは起伏のある園庭で日々遊んでおり、高齢者は園庭の植栽を愛でながら散歩を楽しんでいます。両施設の間に園庭があることで、子どもたちは遊びに興じながらも、高齢者と雑談をし触れ合うなど、心身の豊かな成長につながっています。また、高齢者にとっても、子どもたちとの触れ合いによって、明日への生きる活力となっています。また、育てている栽培物の生長をお互いに観察することで、育ちの喜びを共有するとともに、子どもたちは高齢者に栽培の知恵を教えてもらうなど、伝承の場にもなっています。

5. 異年齢とのイベント交流

　園庭はまた、行事やイベントで交流する場にもなります。ここでは、祭りのお神輿を子どもたちが担ぎ、園庭を練り周るのを高齢者が施設の窓辺で眺めたりしています。園内から得る異年齢の刺激も重要ですが、小・中学生といった身近な少し年上の対象が園庭で一緒に遊ぶことで得る経験もまた、子どもの育ちの見通しに影響しています。

工夫のヒント

1. 特別な機会としての世代間交流

　世代間交流をねらいとした行事やイベントを企画する園は多くあります。しかし、園庭を活用する園はそれほど多くありません。行事やイベントのような特別な機会に園庭で世代間交流をする対象には、小・中学生のような年齢の近い対象が望ましいです。乳幼児の年齢に近い世代間の交流は、お互いに身体活動を通した交流ができるので、今ある環境を生かせる点とともに、若者の身体活動が減少している今、相互に有用だと言えます。

2. 日常的な機会としての世代間交流

　日常的な機会として世代間交流を取り入れることは難しいと思います。しかし、この園のように、園庭を活用して高齢者と触れ合うことによって、子どもが遊ぶ姿を高齢者が見て気分転換や刺激に繋がる一方で、子どもは遊ぶ中で高齢者に気づき声をかけるといった、双方向性のある自然な交流と経験につながっています。そのためにも、日頃から何気ない相互交流の基盤を地域に作っておくことが大切です。

調査結果・レビュー

調査協力園では、園庭や園外地域において、保護者や地域の人々と、以下のような関わりをしていることが分かりました。

園庭で実施していること
1. 園の活動を観てもらう（外から・中に入って）
2. 園庭で育てている植物や農作物について話す
3. 園庭の改修・維持を一緒に行う／材料などを提供してもらう
4. 園の行事に招待する、一緒に実施する
5. 遊び場として園庭を開放する、一緒に遊ぶ
6. 子ども、園庭、遊び、リスク、自然などについて伝える

地域で実施していること
1. 挨拶をする、話す、手紙を書く
2. 公園を一緒に使う、一緒に遊ぶ
3. 園の行事に協力してもらう
4. 公園、道、森などの美化や清掃をする
5. 園の活動や場所について知らせる

調査協力園での記述から、課題と感じていることや活用している場所などについては、地域により相違が見られることが分かりました。一方で、園庭があっても、地域の様々な場所に園庭とは異なる価値を見出している園もあることが示されます。

地域活用時の課題
- 物理的環境の充足、特に、「植栽や菜園」について顕著に多く、続いて「木陰や日陰」ビオトープや池などの「水場」、「土山や築山」についての課題。
- 首都圏では、近隣との関わり、戸外環境の活用の仕方、地域活用時、行政についての課題が述べられている。

活用している場所
- 人口密度の低い地域の方が様々な場所を記述。人口密度の高い地域は公園についての記述が多い。
- 園庭の物理的環境が多様な施設ほど、地域の様々な場所を活用している傾向。
（→地域環境に対して、園庭とは異なる価値を見出している可能性）

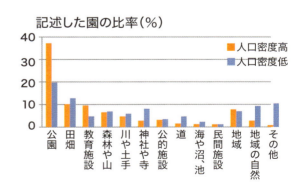

記述した場所
活動している場所について記述した園の、人工密度別比率

園外に向けてのつながりを豊かに
子どもたちの育つ姿。共に見つめるきっかけとして…

保護者の方と…

送迎の通路や入り口など
様々なところへ置ける立て看板

園庭は室内に比べて、保護者が遊んでいる子どもの様子、環境の変化などを目にしやすい場所でもあります。子ども保育、戸外環境への理解が深まっていくためには、保護者がそのきっかけと日常的に出会える場所も重要です。園庭がすぐに見える場所や園のエントランス、保護者が毎日通る場所などに置くことができるものを活用することも、そのきっかけづくりになるでしょう。

保護者参加の園庭づくり等
→つながりと親しみのきっかけに…

ちょっとした会話が生まれる場所に

プールづくり協力の呼びかけ

園庭から地域へ…

人々の暮らしはすべてつながっています。園で発生する音や臭いはもちろん、園庭にある木々の葉や虫も、園外に出て、環境に影響を及ぼすこともあるでしょう。そのように園に限らず、誰かの暮らしに関わる物が、他の誰かの暮らしに関わることはとても自然なことです。しかし、そこに知らない事や見えない事があると、関りが「不安」を生みます。特に、色々な方が利用される園では、様々な事が多数発生しますが、その際、「○○園の子たち」「○○園の保護者たち」というくくりになると、受ける側の印象は、数多く（いつも）、そして多様（すべて）になってしまう可能性は高く、当然、負担感が増す可能性も高まります。そこで、園での暮らしの事を知ってもらったり、気づいたことをいつでも伝えてもらえる（気づいたらいつでも伝えられる）関係を、園が築いていく必要があります。このことは、園への不信感、そして苦情にならないために重要です。そうして、「近くの人」から「何々が得意な○○さん」とか「園の子ども」から「□□ちゃん」と呼び合える、互いに固有の存在として理解し合える関係を目指していく必要があります。

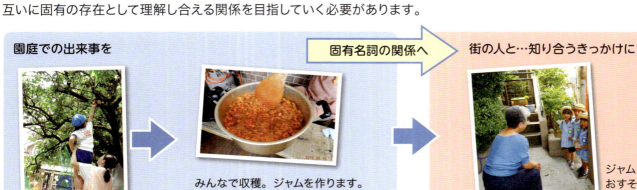

園庭での出来事を → 固有名詞の関係へ → 街の人と…知り合うきっかけに

園庭にある杏の木。

みんなで収穫。ジャムを作ります。味は子どもたちが味見をしながら、甘味の量を決めていきます。

ジャムは隣家におすそわけ。子どもたちが手渡します。

子どもたちが暮らしていく街との交流。生まれるきっかけとして…

園庭は地域と園とを結ぶ最初の場所です。日頃から情報を開き、関係性を築くことは、子どもたちの園庭での安心と自由な活動の実現において重要です。地域社会の中で園が果たしていく役割を考えていく上でも、園庭を含む、園と地域の境界部分のあり方が鍵になるでしょう。

園庭で　世代を超えて…

園児の祖父母を招いて遊ぶ。高齢者は経験してきた遊びを通して、一緒に楽しまれています。特に、自然物やそれを使った遊びは、世代を超えやすく、一緒に楽しみやすいようです。

地域の方へ…

掲示板から
　掲示板は、子どもの暮らしや園がどのような場であるかを伝える場です。子どものことを理解していただくきっかけになる場であるとも言えます。

例：子どもの作品

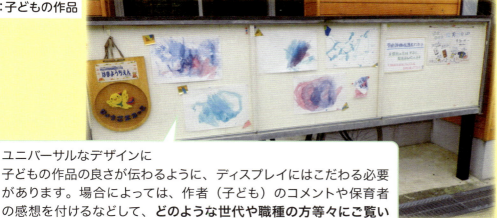

ユニバーサルなデザインに
子どもの作品の良さが伝わるように、ディスプレイにはこだわる必要があります。場合によっては、作者（子ども）のコメントや保育者の感想を付けるなどして、**どのような世代や職種の方等々にご覧いただいても、その意味や価値が伝わるようにすること**は重要です。

□内容が子どもの作品や、子どもたちと今共有して親しんだり楽しんだりしていること、地域の方々と味わいたい季節のことや街のこと等であった場合、そこは**子どもたちとの生活だからこそ生まれる、あたたかな文化を共有**する場になります。

掲示板その他…

暮らしの豆知識：保護者等関係される方はもとより、街の方々が見て楽しめる豆知識など、ちょっとお得感のある情報も良いかもしれません。

お礼やお願い：お礼の言葉は、その場の誰も心地よい気持ちにさせてくれます。また時に、園で「あるといいな」と思っていることなど、街の方がちょっと立ち止まり、受け止めたくなるような内容をさりげなく入れてみるのはいかがでしょうか。交流のきっかけになるかもしれません。

行事：園では恒例である伝統的な行事も、街の方々にとっては疎遠になっていることもあるかと思います。しかし行事の多くは、世代を超えて内容を共有し、楽しむことができるという特徴をもっています。四季折々におとずれる様々な行事のいくつかを共通の話題と捉え、子どもたちがどのようにその出来事との出会いを味わっているか等をご紹介するなどもいかがでしょうか。

総括 第2章でご紹介してきた視点の全体像は、子どもの経験を軸に、以下のように見ることができます。

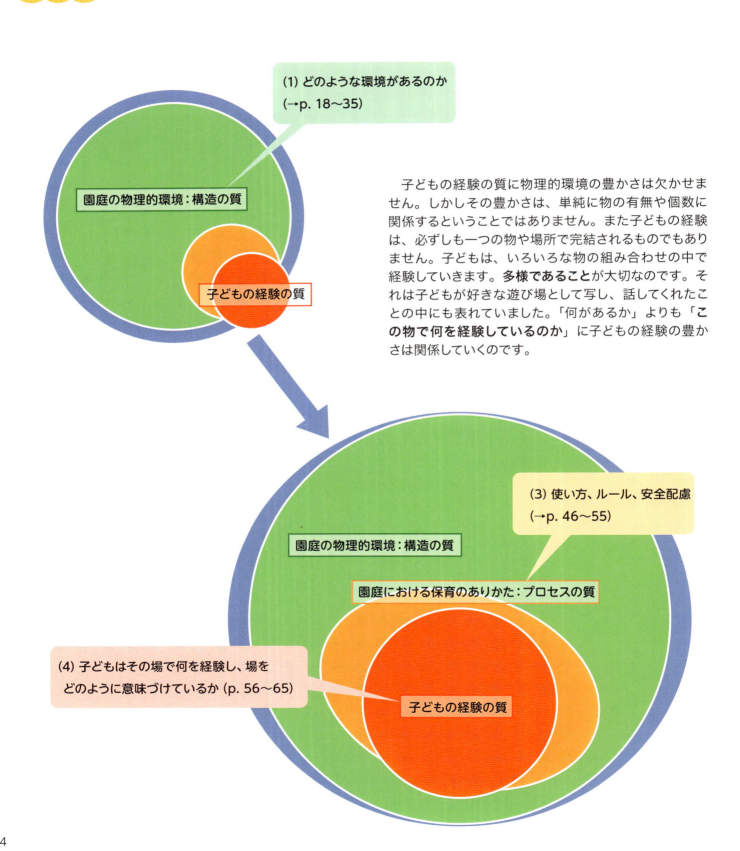

(1) どのような環境があるのか （→p. 18〜35）

園庭の物理的環境：構造の質

子どもの経験の質

子どもの経験の質に物理的環境の豊かさは欠かせません。しかしその豊かさは、単純に物の有無や個数に関係するということではありません。また子どもの経験は、必ずしも一つの物や場所で完結されるものでもありません。子どもは、いろいろな物の組み合わせの中で経験していきます。**多様であること**が大切なのです。それは子どもが好きな遊び場として写し、話してくれたことの中にも表れていました。「何があるか」よりも「**この物で何を経験しているのか**」に子どもの経験の豊かさは関係していくのです。

(3) 使い方、ルール、安全配慮 （→p. 46〜55）

園庭の物理的環境：構造の質

園庭における保育のありかた：プロセスの質

(4) 子どもはその場で何を経験し、場をどのように意味づけているか （p. 56〜65）

子どもの経験の質

子どもの経験をより豊かに

　子どもの経験を支えている物理的環境とその使い方やルールは、背景を見ると「**自園で何を大切にしたいのか**」という志向性の質があります。大切にしたいことが何かによって、具体的な実践も変わってきます。

　そのような志向性の質を可視化することは、保護者や地域の人々に園の保育を伝え、関わりをつくっていくときのポイントにもなってきます。

　保護者や地域の人々と園との関わりは、子どもの経験をさらに豊かにします。保護者にとっても園庭が居心地の良い場になることで、子どもと保護者との関わりも豊かになります。また、地域の人々の協力によって園庭環境が変わることや、逆に園庭をきっかけとして**地域社会の活性化**につながる面もあります。

　保護者や地域の人々との関わりを豊かにしていくためには、**情報共有**も大きな鍵になっています。自園の状況や課題、大切にしたいことに応じて、身近なところから考えてみていただければと思います。

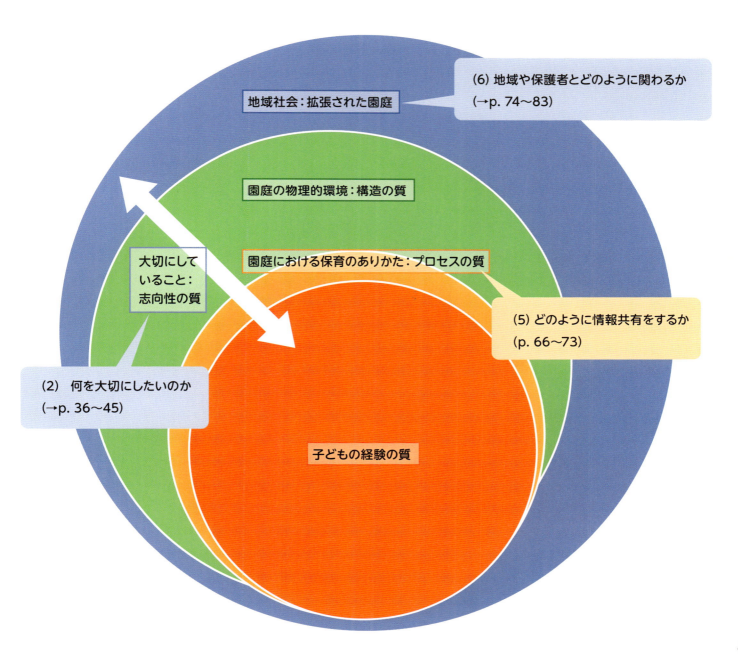

コラム　先行研究から考える、園庭環境と子どもの育ち

園庭と子どもの育ちについての研究は世界中で取り組まれていますが、日本でも蓄積されてきています。ここでは、「幼児期の終わりまでに育ってほしい10の姿」から、子どもの育ちと園庭の物理的環境について見てみましょう。

以下は、論文検索サイトCiNiiで公開されている研究を整理したものです。この結果以外にも、まだまだたくさんの育ちを支えている可能性があります。

	健康な心と体	自立心	協同性	道徳性・規範意識の芽生え	社会生活との関わり	思考力の芽生え	自然との関わり・生命尊重	数量や図形、標識や文字などへの関心・感覚	言葉による伝え合い	豊かな感性と表現
ひらけたスペース	◎(身体活動量)						・			
固定遊具	◎(多様な体の動き)	○	○	○		○				
可動遊具・素材や道具		◎				◎				◎
土・砂遊び場	◎(微細運動や感覚)	○				○	○	○	○	◎
水遊び場	◎(水泳の土台)	○	○			○				○
築山・斜面	◎(全身の多様な動き)	◎	○							○
植栽	◎(ストレス緩和,QOL)	○				○				○
樹木	◎(体の保持)	○								○
雑草・花壇		○								◎
菜園	◎(食への関心)	◎	○		○					
芝生	◎(下半身,手足の連動)									
ビオトープ等の自然	◎(自己管理,危険対応)	◎	○	○		◎				○
飼育動物	◎(心の安定)	○							○	
休憩・静的活動の場所				○						◎

園庭の物理的環境と子どもの育ち　○は先行研究より示されたもの、◎はその環境ならではのものを示しています。
詳しくは「園庭環境に関する研究の展望」（秋田他, 2019）をご覧ください。

健康な心と体： 起伏や穴のある環境で、全身の多様な動きが生まれる。

自立心： 手足をかける場所や枝の具合を考えながら、挑戦。

協同性・言葉による伝え合い： イメージを共有し協同で形づくる。

道徳性・規範意識： 生き物が安心して暮らせるよう、生息環境をまもる。

社会生活との関わり： 自分の食べ物を育てる。

思考力： 色々な素材や形を組み合わせて基地をつくる。

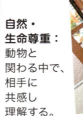

自然・生命尊重： 動物と関わる中で、相手に共感し理解する。

数量や図形： 草木の産物で遊び、様々な形や数を楽しむ。

感性・表現： 草花や水で料理ごっこや実験遊び。

物理的環境の特性が様々な子どもの育ちを支えています。先行研究からも、多様な物理的環境を整える大切さが分かります。中でも、健康な心と体については実に多様な側面から支えています。また、園庭というと運動面は従来から着目されてきましたが、自立心や思考力、感性なども支えられてることが明らかにされています。

自然が子どもの発達に及ぼす影響・研究

　土や砂、石、水、草花や木、虫や鳥（動物や分解者）、太陽や風などの自然は、子どもの育ちにとってどのような存在なのでしょうか？ 今から200年程前に産業革命がおこり、私たちの暮らしは自然から遠のき始めました。しかし地球上に人類が誕生してから今までの約20万年間、人は自然の中で衣食住を得、文化や芸術を生み出してきました。また、人自身が自然そのものでもあります。そして子どももやはり、自然の中で自然とともに遊び育ってきました。特に下に挙げたような自然の特性は、子どもの感性や好奇心をくすぐり、たくさんの遊びや学びが生まれていきます。

自然の中での子どもの育ち ～先行研究から示されていること～

【自然の特性】
- 多様である
- 生きている
  （動植物・分解者）
- 時の変化を感じやすい
  （1日・季節・年を経て）
- 子どもの手に扱いやすい
- 子どもの働きかけに対する変化が見えやすい
- 人の暮らしを支えている
- 様々な生き物がつながって存在している
- 計画された環境ではない
  （選択性・予想外や危険性のある環境も）

自然　　子ども

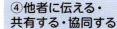 は相互作用を示す。
詳しくは前頁の表参照。

① 感じる
五感・感性

② 考える
思考・想像・観察・科学的考察

④ 他者に伝える・共有する・協同する
表現・コミュニケーション・理解を深める

③ 働き掛ける
試す・遊びを創造・実験・創作・育てる

- '私の暮らし'と自然のつながり（衣食住）
- 自然の中のつながり（多様性・循環性・有限性）を体験できる環境や活動

自分を取り巻く世界を理解

生命尊重・道徳性や規範意識

心身の健康
- 心の安定
- 身体機能の発達
- 食への関心
- 危険対応力

黄色部分：園庭だからこそ取り組みやすい。

持続可能な暮らしや考え方

（日本自然保育学会先行研究ワーキング, 2018）

みんな違ってみんないい、みんなつながっているんだよ　そして、'生きること'

　これらの大切さは、よく耳にすることではないでしょうか？ けれど、人間だけの世界にいると、周りと同じでないと心配になったり、ありのままの自分を認めにくかったり、生きることの全体像が見えにくかったりするかもしれません。

　自然の中にいるとどうでしょうか？ 葉っぱ一枚とっても、一つとして同じ形、同じ色はありません。高く飛ぶ鳥、低く飛ぶ鳥、優劣はなく、どちらも一生懸命生きていることが感じられるでしょう。そして自然の中では、人を含めて、あらゆる存在がつながって成り立っています。時間の流れの中で自然は変化し、生命は受け継がれていきます。

　研究はまだ少ないですが…

　こうした感覚を、知識だけではなく、体で感じられるような自然環境が人のそばにあることは、とても大切なことのように思います。

　子どもが自然と関わる際には、草花を摘んだり木に登ったり土を掘ったりと**子どもから働きかけることによって**、子どもの育ちはより深まります。しかし、近年公園などの公共空間や家庭の庭では、子どもが自然に働きかけることが難しくなってきています。また、自然のつながりを感じられるような環境も市街地ではまだまだ十分ではありません。

　こうした社会状況もあって、**園庭という'自分たちの場所'**がますます重要になっています。（合わせて、地域社会に対しても、乳幼児にとって大切な環境や活動を伝え、連携していきたいですね。）

第3章
事例で考える園庭の質

　ここまで、園庭環境を6つの視点からみて、よりよいあり方を考えるためのヒントをご紹介してきました。
　それぞれの章でご紹介したことはいずれも大切なポイントですが、短期間にすべてを実現できるものではありません。園の状況に応じて、「今の段階ではここを優先的に進めていきたい」「この部分からであれば着手できそう」など、具体的に考えてみてください。
　その手がかりとして、ここからは具体的な園の実践事例を紹介していきます。それぞれの園がもつ課題、もっていた課題に応じて取り組みを進めています。具体的には、以下3つの視点からご紹介します。

改修を試みるということについて

「園庭改修」と一言でいうと、ハード・ソフトともにとても大規模な改革を実施するようなイメージがあるかもしれません。しかし、その方法は様々です。まずは環境を大きく変えて変化を見てみる、という方法もあれば、保育者間でじっくり話し合いつつ可能な場から着手していく、という方法もあります。

きっかけも様々です。予算が得られた段階や、園舎改築や移転を機会とした園環境全体の見直し、管理職就任を機会とした理念の見直し、制度上の移行や職員の入れ替わりに伴う話し合い、などがあります。

自園のことも思い浮かべつつ、ご覧ください。

3歳未満児の園庭を考える

園庭や戸外環境を考える上では、0～2歳の子どもたちに必要な環境をどのようにつくっていくのかということも重要なポイントです。散歩先の公園等では、遊具の対象年齢が高く難しいという声も聞かれます。

未満児用のスペースを得られるのか、幼児の遊びと共存できるのか、場所や時間を区切るのかなど、考えることは多くあります。実際に様々な園庭の事例をもとに考えていきましょう。

制約がある中での工夫

園庭はあるが、面積が小さく活用が難しい、という園が、特に都市部に多く見られます。また、公立園では予算や制度的な自由があまりない、という声も聞かれます。

面積や予算について、課題は様々にあります。例えば、様々な経験を保障するための多種多様な環境を得るのが難しいこと。また、小さな面積では異年齢が一緒に遊ぶときに危険が伴い、年長児が力を出し切れなかったり、低年齢児の遊ぶ時間や場所が限られてしまうこと、異なる遊びグループ同士の動線確保が難しいことなどがあります。

実践事例からは、手頃にできる工夫と身近にあるものを生かすことの良さ、その環境の性質を生かした工夫を見ることができます。

改修を試みた園の事例

ここでは、
1) 大規模な改修　　2) 少しずつの改修 (環境設定)
の2つの取り組みについて、それぞれご紹介します。

大規模な改修（環境設定）　→p.91〜93

　ここでは、園庭改修を試みた園の事例をご紹介します。園庭の改修は、大きな取り組みから日々の取り組みに至るまで、多くの工夫が見られます。それぞれの園のご関心に応じて参考にしてみてください。

　何らかのきっかけで、比較的短期間での改修を試み、新しくなった園庭の活用を進めている園について、改修前〜後の時期に着目して見ていきます。

改修**前**	・変えようと思ったきっかけは？ ・変える内容はどのように決めたのか？		ふたば保育園 （千葉県）
改修**中**	・どのように変えていったのか？ ・変え方のポイントは？		認定こども園 はまようちえん （兵庫県）
改修**後**	・変えた後に工夫したことは？ ・変えた後どのような変化が見られたのか？		認定こども園 七松幼稚園 （兵庫県）

少しずつの改修（環境設定）　→p.94〜96

　大規模な改修は難しい場合も、既存の環境を少し変えてみることから始まります。以下では、改修をしてみたい部分に気付くためのポイントをご紹介します。

　4つの視点を念頭に、ご覧ください。

- **動き**
  ・変えた後に工夫したことは？
  ・変えた後どのような変化が見られたのか？

- **出来事**
  ・変えてみるきっかけは？
  ・気になった出来事は？

- **めあて ねらい**
  ・心や思考のどのような育ちにつながる？
  ・子どもは何をしようとしている？

- **変わる こと**
  ・人や物との関わり
  ・子どもの気付き
  ・季節・時期

明徳土気保育園（千葉県）／第一光の子保育園（宮城県）
認定こども園ひかりの森こども園（宮崎県）／認定こども園あがた幼稚園（宮崎県）

第3章　事例で考える園庭の質

改修前は？　職員で、そして保護者と話し合い一歩一歩

改修前の園庭：
グラウンド、周囲には遊具群、築山、樹木がありました。子どもたちの遊び方は遊具や乗り物など限られたものでした。

職員で園庭について研修・話し合い

【保育者の願い】
子どもも大人もワクワクする園庭にしたい！
夏場の木陰も！

- 現状の課題は？
- どんな活動がしたい？
- それは、どんな環境？

グループに分かれて少人数で検討→全体で共有し、案をさらに絞っていきました。

園庭委員会発足

植栽を検討

子どもに体験してほしいことを考えながら、園庭の樹種を検討。職員で、地域の公園樹や庭木を見て回ったり、図鑑を調べたりして検討しました。

職員による園庭の植栽案。
これを元に、地元の造園家さんと相談。

保護者とも共有・話し合い・協働整備

① 保護者会での説明・質疑応答
どのような保育をしていきたいか、そのために園庭をどのように改善していきたいかについて、職員が説明。保護者からも意見をもらいました。

② 保護者役員会で、園庭案をさらに検討。

③ 保護者有志と協働整備
2018年　植物トンネル、タイヤ橋づくり
2019年　樹木名板づくり

改修開始：子どもの様子や予算を見ながら年度ごとに

【2017年 改修内容】
・中央に築山＋トンネル設置
・園庭全体に様々な樹木を植栽
・ブランコ周りに、ぶつかり防止のための柵
・砂場を保育室近くへ移動

【2018年 改修内容】
・築山に芝生をはる
・トンネル増設
・砂場に日よけ・道具置き設置
・ブランコ周りの柵を植栽に
・乳児用スペース設置

【2019年 改修予定】
手押しポンプを設置
（水と接する）

保育者から見た子どもたちの変化
・自分で工夫して遊ぶようになった。
・大型遊具以外の遊びが増えた。

社会福祉法人あかね福祉会ふたば保育園（千葉県）

第3章　改修を試みた園の事例　大規模な改修（環境設定）

改修中は？ 子どもの姿から少しずつ

「これしたらあかん、あかん…ということばっかり」

※改修前の園庭と課題
固定遊具が中心の園庭で、
・順番待ちが多い。
・怪我が多い→禁止が多いという懸念がありました。

- 子どもの育ちに合っていないと思われる遊具を撤去
- 他園の見学

↑階段下の砂場
ぶら下がる遊びも

子どもの遊ぶ姿を見ながら少しずつ変えていく

- 子どもの遊びを見ながら、築山を徐々に高く
- 階段から飛び降りるのを楽しんでいる子どもの姿から、石垣を設置
- 階段下は、ぶら下がる遊びの場所に

保育者間・保護者や園外との関係づくり

↑保護者のプロジェクトによる手作り遊具

【リスクが高まることによる不安への対処】
・入園説明会を含め、この環境での子どもたちの育ちについていつも説明
・保育者個人が、自分にとって「怖い」と感じるときは言語化するという工夫があります。

【つながりを大切に】
・できるところは自分たちで…
保護者が参加できるプロジェクトも多数あり（保護者企画含む）、その一部に園庭づくりもあります。
・できないところは業者や専門家…
園外の活動で生まれたつながりも大切にする。職員にもイベント等（保育に限らず、環境教育やアートなど）への積極的な参加を推奨しています。

学校法人小寺学園　認定こども園はまようちえん（兵庫県）

第3章　事例で考える園庭の質

改修後は？ 多面的なアプローチを（子どもとルールを作る・親や地域を巻き込む）

改修前の園庭と課題
- 行事などに活用しやすいオープンスペース型の空間
- 大人には使い勝手が良いけれど、子どもの育ちを保障した空間なのか？
  → "日々の子どもの経験"に立ち返ろう！

2016年に園庭を大改修しました。園庭は、"遊びの原風景"や"遊環構造"といった遊び空間をイメージしています。

改修前の園庭と課題
- 「起伏のある園庭環境」を目指し、3mを超える築山を検討
- 保護者の不安の声「大丈夫…?」
- 日々の遊びの中で気付く危険を子どもや保育者と共有

職員間の情報共有や研修も重視しています

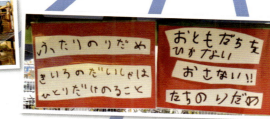

築山とその周辺環境

園庭改修に際しては、園庭の配置や整備を保護者にも協力してもらっています。例えば、砂場は保護者の協力のもとでつくられています。大規模改修に対する保護者の不安も大きかったため、園庭を一緒に作っていく活動を通して保護者の園庭改修への理解を得ていきました。保護者を巻き込みながら改修に向かっていきました。

子どもが考えた園庭ルール

改修後、例えば、怪我をしないための三輪車の動線のあり方、乗る際のルール等、園庭で 遊ぶ中で気付いたことを子どもたちは日々話し合います。子どもや保育者は、伝え合いを通して共に園庭環境を刷新しています。

園庭にない遊び活動の保障から

起伏に富む環境に改修すると、今度は広い場所で思い切り体を動かす活動が難しくなります。そのような時は、近隣の公園を活用して子どもの経験を保障します。しかし、公園は地域の共有物なので、地域の方への配慮は欠かせません。「すれ違う人は全員地域の人」として接し、日頃から笑顔と挨拶は欠かさないと言います。子どもたちも、そのような保育者と共に過ごすことで、地域の方とのお話しをためらいなくするようになっています。活動の保障が、交流の経験へと広がっています。

工夫のヒント

1. 保護者の不安を拭う配慮と保護者に対して園庭改修の参画の機会を作ること

園庭の大規模改修に関しては、保護者の様々な受け止め方が予想されます。園長先生はその点を踏まえて、保護者に園庭改修の手伝いをお願いしました。作業の合間の雑談や作業中に見る子どもの遊ぶ姿から、保護者自身が園庭改修に納得感を持ってもらう工夫をしています。

2. 園庭のルールを自分たちでつくっていく

子どもがルールを自分たちで話し合って決めていくことで、園庭で遊ぶことに対する自信や責任感といった主体的な気持ちを子どもに育てるだけでなく、保育者もまた子どもとの話し合いに向き合っていく中で、園庭がどうあるべきなのかを考えるきっかけにすることができます。

学校法人七松学園　認定こども園七松幼稚園（兵庫県）

第3章　改修を試みた園の事例　大規模な改修（環境設定）

少しずつの改修

子どもの様子や活動について日々話し合いながら、環境を調整

年ごとに形を調整（築山）

築山は、子どもの年齢や興味によって様々な使われ方をしています。4・5歳になると、何もない坂の部分を駆け下りて行くなど、転びそうだけど転ばないような、スリル感のある遊びを好んでいます。1・2歳の子は年上の子の姿を見て、日々挑戦しています。

⇩

傾斜を、年ごとに少しずつ変える

「じゃあ、ここは何も入れずに、ちょっと急にしてみようか。」

「こっちは、小さい子が登りやすいように、ちょっと窪みをつけてみようか。」

子どもの思いや動きを考えながら、園庭環境を再考

開園当初に園庭中央にあるシンボルツリーにロープを付けるかどうかを話し合い、付けた結果、自分で木に登れる子が増えました。

以前のブランコは板型座面で、硬くてけがが多いため、職員がそばにいる時のみ使用していました。そこで子どもがいつでも使えるように、ハンモック型に取り替えました。

【そして今】

「築山、木登り、鉄棒など小さな子はどんどん挑戦していける環境があるが、年長さんにとってはどうだろう？一歩自分で挑戦するとか、力を試すとかっていうところはどうやって作っていこう？」

＋

さらに、運動会で自分が挑戦したいことに取り組む種目で鉄棒渡りをした子が。そんな子どもの姿から「子どもはもっと腹筋背筋を使いたいのかも」と気付く。

「登り棒があった方がいいのでは？木登りのロープは外してみても良いかもしれない」

「ロープ渡りなど腹筋背筋を使う環境や、バランス感覚的な遊びができる環境が少ないかも」

「ハンモックはゆったりと乗れるが、4・5歳になると、自分で気を付けてこぐことも必要ではないか？」

未満児用スペースの仕切りを調整

【年度始め】
小さな子がじっくり遊べるように、仕切りのプランターは密に配置。

⇩

【子どもたちが慣れてきたら】
他へも少しずつ見に行けるように、仕切りのプランターに隙間を開けたり角度を変えたり。

保育者の声

「基本的には子どもたちのやりたい遊びとか、（保育者が）推していることとか、次こういうこと経験させたいね、っていうところが、じゃあどこにあるのか？ってところでいろいろ案が出てきたり、ここ悩んでいるってところが出てきたり…」

「子どものためにとか、子どもの姿を見てっていうのが（略）一番初めに、みんなそういう思いが強くって、なんかこの既成概念壊してもいいんだみたいなところ、結構園長先生がぽろっと言ってくれたりするので…」

社会福祉法人千葉明徳会明徳土気保育園（千葉県）

第3章 事例で考える園庭の質

少しずつの改修

保育の出来事や関わりの中で模索

第一光の子保育園では、2012年に園舎ができてから、少しずつ園庭の改修を行っています。

子どもの主体性を尊重し、0歳児から5歳児までの幅広い"異年齢交流"を大切に。

保護者や地域の方と協力・連携を図るとともに、地域環境を活用しながら地域に根付いた園のあり方を。

保育者の願いから（園庭）

1) 園庭に"休むスペース"が欲しい。
2) 身体を動かす過程で、休息をとる、飛ぶ、登るといった多様な活動を生む園庭環境があれば…

保育者が地域にある遊び場を見て回り、自然木やタイヤといった素材が遊び場に根付いていることを発見し、自園にも取り入れてみることを提案。園庭環境は、保育者の気付きから改変がなされています。

保育者の願いから（築山）

乳児園庭にある"小さな築山"（上）と幼児園庭にある"大きな山"（下）は、子どもの挑戦を段階的に保障するために、話し合いを通して作られた環境です。

自然を通した多様な関わりから（植栽）

「自分たちが育てた栽培物」という意識は大事 ＋ 好奇心のままに食べる経験、異年齢児に食べられてしまう経験も大事

乳児から幼児まで同じ場所で育てることに。幼児は育ててきたキュウリやトマトを乳児につまみ食いされるなどのハプニングを経験しながらも、「小さいから仕方がない」と折り合いをつけながら自他に向き合っています。

サツマイモの苗植えは、毎年近隣の農業高校の学生の協力を得るなど、地域交流を大事にしています。最近は、栽培物以外に自然に触れる経験として、クローバーなどの身近な自然の必要性にも職員の目が向いています。

子どもの気付きから（園舎の柱）

園の柱も子どもの挑戦やあこがれの気持ちを生む場として子どもが発見した遊び場です。リスク面に配慮しながら、子どもにとっての遊び環境を保障し支えてあげることも大切です。

保育者の気付き・疑問から（柵）

乳児園庭にあった柵は、子どもたちの日々の姿から「本当に必要か？」という疑問が保育者から出てくる。

2年ほど前に柵を撤去したことで、子どもの動線が滑らかになるとともに、園庭での"異年齢交流"などの多様な経験と相互の学び合いの機会が生まれました。

工夫のヒント

1. "想定外"の経験もまた園庭を豊かにする要素

保育においては、"想定外"はつきものです。この事例では、異年齢が同一の場所を活用するからこそ生じる"想定外"と上手く付き合っていると言えます。"想定外"の中にある子どもの育ちに目を向けることで、"想定外"の経験もまた園庭を豊かな環境にする1つの要素として捉えることもできます。"想定外"の可能性を探ってみましょう。

2. 子どもの姿と身近な屋外環境を参照すること

公園やプレーパークなど、身近な屋外環境は園庭を豊かにする可能性をもつ要素があります。それに子どもたちの姿を重ねながら、自園らしさを探ることもできます。

第一光の子保育園（宮城県）

既存の環境を生かす

可動式のものを設置…その時々の動きや思いに応じて

● 可変可能性。
子どもも保育者も場を変えることができる。

季節の変化を生かして

写真周辺にはドングリの木があり、秋になるとドングリが落ちてくるとのこと。すべり台の左右にあるレーンは、ドングリのすべり台を、と園の保護者によって作られました。秋になると、左右のレーンでの競争やドングリと自分との競争など、子どもたちによる様々な工夫と展開が見られるそうです。

● 樹木や地形という物理的環境の他、その時期がもたらす要素、変化も含めた改修計画を立てることで、屋内と異なる魅力やねらいを引き出すことができる。

廃材…素材を活かした新たな使いみち

● 写真左は色水と光と。
屋外要素と組み合わさる事で、廃材となった物に新たな魅力が生まれる。
また、廃材は、ストーリーやイメージの可視化・共有に役立つものとして自分達で加工できる。

第3章 事例で考える園庭の質

改修への視点：4つの視点のご提案

ここまでの改修事例からわかるポイントを、①動き　②めあて・ねらい　③出来事　④かかわり　の4つの視点で見てみましょう。

動き
- つかまる　のぼる、おりる
- つまずく、転ぶ　ぶら下がる
- 踏ん張る（バランスをとる）
- 歩く、走る　休む　等々

子どもたちの「動き」に着目。園の子どもたちは、一日、一年の生活の中で、あるいは園生活を通して、各年齢毎にどのような動きを経験しているのでしょうか。

P91 築山

P95 休む場所

既存の環境を見直し、設定を変えた先の子どもの思い、そして保育者の思いに応える。

P94 樹木の遊び

P94 乳/幼の境界部

- 失敗する、調整する
- 挑戦する、力を試す
- 注意深くなる
- 再開する、経験を生かす
- 他の子の様子を気に掛ける、共にする、「共に」を考える　等々

めあて・ねらい

園庭での様子

出来事

園庭で生じた色々な出来事をきっかけに。危ないこと、怪我など好ましくない出来事に対し、その発生を抑えるだけでなく、別の出来事への変換、展開の可能性もあるようです。

かかわり

P96　他者へストーリーの可視化

季節のものや他の子どもとなど、その時その時の状況を活かしたかかわり方を考え、環境を工夫する。

- 時間、季節
- 物の大きさ、数、重さ
- 人　等々

P96 どんぐりを生かした環境

P94 ブランコの素材

怪我　新たな遊び

第3章 改修を試みた園の事例　改修への視点：4つの視点のご提案

大規模な改修につなげていくこともできます。

改修前(P91)
- 現状、目標の共有
- きっかけ
- 知識を得ていく
- 様々な話し合い

→

改修中(P92)
- 変えていくペース
- リスクの明確化・対処・説明
- 園外とのつながり

→

改修後(P93)
- 保護者とのコミュニケーション
- 遊び方や使い方・・・子どもの視点から

未満児の園庭

3歳未満児にとっての園庭環境について、3園の事例をご紹介します。

1. 園庭環境の全体を見ると…

0歳から6歳までの子どもたちが在籍する園の園庭で、考えることは多くあります。

- 3歳以上児と未満児とが同時に出ているとき、どのように遊ぶのか？
- 未満児がじっくり環境と関わることと、3歳以上児の動的な遊びとを両立させることができるのか？
- 未満児ならではの環境にするためのスペースを確保する必要があるのか、そして必要と考える場合はそれが得られるのか？

2. 未満児のための環境をどう考えるのか… 分ける？ ともに過ごす？

そもそも、未満児のための園庭環境をどう位置付けているのかということや、位置付けについての考え方も様々です。主には以下2点があるでしょう。

- **3歳未満児専用の環境**が必要。必要な環境、その要素がある。安心・安全の場として守られている必要がある。
- **異年齢で遊ぶことができる環境**が必要。様々な関わり、未満児の憧れの感情や、年長児が年下の子を大切に思う感情などを生み出してくれる。

上記は、幅広い年齢・発達段階の子どもが使う園庭において、いずれも必要な視点です。ここでは「未満児にとってどうか」ということに焦点を当てて事例を見ていきましょう。

事例をもとに、3つのポイントで見ていきます

- ●未満児固有の発達特性を踏まえた環境の実現

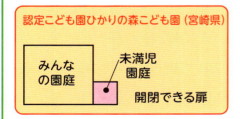

- ●つながること・ゆるやかに住み分けること

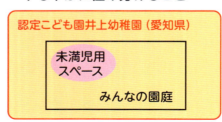

- ●3歳以上児（幼児）と共有する環境・園庭全体に取り入れる要素

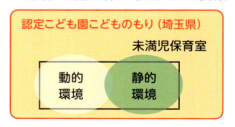

第3章　事例で考える園庭の質

未満児

発達特性を踏まえた環境の実現
改修前の園庭

- 桜の大木があった場所。朽ちたため伐採。
- 水はけの関係で、コンクリートは現状ママに。
  土に触れさせたいという保育者の思いから築山の設置を検討。実行。
  伐採後の切り株は砂山の中へ。

0歳児室

未満児用プランター…お世話したり遊んだり

1・2歳児室

第3章　未満児の園庭　1. 園庭環境の全体を見ると…　2. 未満児のための環境をどう考えるのか…　分ける？ともに過ごす？

- 保育室からのアクセスの良さ
- 少し先の目標となる**他児を感じる距離感**。
  子どもたちも様々な月齢の子どもたちの動きを目にすることができる。
- **一人ひとりの思いが実現される静かな場**であり、物や手段の**多様性が確保**されている。
- 体の**動きを試す**ことができる
  （いろいろな面から山に登る）、
  体の**バランスを保つ**ことができる（山で止まる）、
  特定の**関係性を確認**できる
  （トンネルの向こう側の人物と顔を見合わす）等、
  できることを**繰り返し**実現することができる。

→ 保育者による充分な安全性確保のもと、未満児固有の発達特性を踏まえ、個々の意欲と自信が得られるような場になっている。

幼保連携型認定こども園　ひかりの森こども園（宮崎県）

未満児 未満児の感性や物語を支える

こどものもりは、3歳未満児と3歳以上児が園庭で別々に活動をしている状態を見たときに疑問をもったことから、園庭改築を実施。"自由にお互いに交流し合える園庭に"という思いから園庭構造を捉え直して、現在のスタイルとなりました。

ウッドデッキ・木々・菜園

未満児の縁側にはウッドデッキがあり、子どもたちは木漏れ日の中で心地よい風や光を感じながら、園庭の活動をゆったりと観察できます。ウッドデッキの周囲には、ブナ、シイ、アーモンド、カエデなど多様な樹木が植えられており、四季折々の感覚が楽しめます。また、以上児が栽培する畑をウッドデッキの近くに置くことで、植栽を通した異年齢の交流が見られます。

築山 土管

起伏のある場所での昇降や冒険心をくすぐる体験もまた未満児の育ちにおいて重要だと考え、乳児保育室の近くに築山と直径1m以上もある土管を設けました。この土管は0・1歳児にとっては大きな勇気を必要とする場となっています。

静と動のある園庭

園庭は、中心部分が動的な遊び場が、両端にゆっくりと遊べる場所がそれぞれある縦長の構造になっており、静と動が織り成された園庭配置が意図的に作られています。同一敷地内に子どもたちが行き交う中で、年齢に即した環境ではなく、そこで遊ぶ子どもたち一人ひとりの思いに合わせた環境が大事にされています。

園庭は乳幼児が同一の場で活動します。年齢で場所を分けずに、子どもたちはお互いに活動する姿を見て育つため、「このまま走っていったらあの子たちにぶつかってしまう」といった配慮や「この遊びすごい」といった憧れや模倣が生まれるなど、身体だけでなく情緒の育ちが促されます。

工夫のヒント

1. 五感や情緒を育む要素を取り入れる

園庭での未満児の遊び方は幼児とは異なる点が多くあります。特に、木漏れ日やそよ風に揺らぐ枝葉など、何気ない自然の変化を感じたり、年上の子どもたちの遊び方に心を震わせたりしています。そのような"静"の中にある"動"に目を向けましょう。

2. 未満児なりの冒険や挑戦の中の物語を感じ取る

例えば、土管がもつ閉鎖性や反響などの性質に未満児が出会い、恐怖を克服し、一歩を踏み出すまでには、子どもなりの長い物語があります。その物語を楽しみ味わう環境があることは、子どもにとっても保育者にとっても、魅力ではないでしょうか。

社会福祉法人桜福祉会 幼保連携型認定こども園　こどものもり（埼玉県）

第3章 事例で考える園庭の質

| 未満児 | **つながる・ゆるやかに住み分ける**
みんなの園庭：様々な動植物と人がともに暮らす里山のような園庭環境 |

多様な環境を設け、子どもたち自らが遊びを選択する中で、自然と緩やかな住み分けができるようにしています。

みんなの園庭の良さ

異年齢で遊ぶ中で、年齢の小さな子は、大きな子の遊びを見て遊び方を学んだり（遊びの伝承）、関わる力を育んでいます。大きな子は、小さな子に気配りしたり、遊び方を配慮したりする姿が見られます。

未満児用スペース：未満児保育室の前に設置

未満児用スペース / みんなの園庭

未満児用スペースの良さ
一旦未満児用スペースに入ると落ち着いて過ごすことができるような雰囲気が守られています。

植栽 / 砂場 / 縁側

【仕切り】
植栽によるゆるやかな仕切り
植栽が、みんなの園庭と未満児用スペースとを、ゆるやかに区切ってくれています。植栽があるおかげで、未満児用スペースは、みんなの園庭の気配を感じつつ、落ち着く空間になっています。

様々な高さの様々な植物
植栽は背の高い木に加えて、足元から子どもの背丈ほどの高さまで様々な草花や低木を植えています。そのため、未満児がしゃがんだり立った状態で草木や虫と触れ合いやすくなっています。

【縁側】
ゆったりした空間
広くとられた縁側では、室内からそのまま出て外を感じながらゆっくり過ごすことができます。縁側の高さも、園庭に出た未満児が腰掛けやすく、落ちても危なくない低めの高さになっています。

【砂遊び場】
腰をかけられる囲い
囲いは幅のある石材で作られているため、子どもが腰をかけて遊びやすくなっています。

日よけ
日よけが設けられているため、安心してじっくり遊ぶことができます。

【バランスを育てる小道】
植栽の間にはみんなの園庭と未満児用スペースをつなぐ小道が通されています。小道は緩い坂道(高低差30cm程)でカーブしており、バランス感覚をそだてる場所になっています。

学校法人雪見ヶ丘学園　幼保連携型認定こども園井上幼稚園（愛知県）

第3章　未満児の園庭　2. 未満児のための環境をどう考えるのか… 分ける？ ともに過ごす？

未満児の園庭について考えるポイントは？

ここまでの3園の事例から、3歳未満児にとっての園庭環境のポイントを整理します。

位置は？
- □ 保育室からの**アクセス**
  …戸外に出やすい位置にあるのか
   　室内から、戸外がどのように見えるか　等
- □ **他児**を感じる距離感
  …他の月齢、他の年齢の子どもたちが遊んでいるところは見えるか
   　どのような刺激がもたらされているのか　等

> 事例の他に、テラスやベランダを活用する場合もあります。
> 自園のレイアウトではどのような可能性が考えられるでしょうか。

必要な要素は？
- □ 発達に応じた健康や安全の配慮（日光等）
- □ 自然や季節が感じられる
- □ 特定の関係性（保育者等）が確認でき、安心してゆったりと過ごせる
- □ 物や手段の多様性 → 一人ひとりが探索をし、思いを実現できる。
- □ 様々な体の動きが可能 → 動き、バランスを保つ経験
- □ できたことをまた繰り返し実現できる

> 他にも、各園や地域の良さを生かして取り入れている要素はあると思われます。あなたの園や地域ではいかがでしょうか。

3歳以上児と…つながる・すみわける
- □ 互いの遊びを見たり、自然にかかわったりする機会はあるか
- □ 一方で、それぞれの年齢ならではの遊びや活動が可能な場はあるか
- □ 一人ひとりの育ちにあった環境が未満児・以上児それぞれの遊びを保障することにつながる

> 異年齢の関わりについては様々な考え方があります。今の自園でどのようなかたちがふさわしいかについては、今いる保育者や年長児が園でどのような経験をしてきたかなどといった、園の歴史も関わってくるでしょう。

上記のポイントをすべて同時に実現するのは難しいことですが、その際の優先順位を考えるとき、今いる子どもたちにとって何が良いのか、そして自園では各年齢の育ちや経験として何を大切にするかといったことなどが鍵になりそうです。
また、各年齢の経験を保障するためには、スペースの制約という課題もあるのが現状です。時間を区切るという方法もありますが、その中でも上記のポイントを、子どもの日々の経験について改めて考えるきっかけにしてみてください。

第3章 事例で考える園庭の質

制約がある中での工夫

ここでは、制約がある中での工夫について、5園の事例をご紹介します。

予算や制度上の制約

　予算が限られている、公立園等で制度上の制約がある等で、環境を変えたいと思ってもそのままですぐには実現できない場合があります。
　子どもにとってよりよい園庭環境を、今ある環境で、できることから実現していくためには、どのような工夫が考えられるでしょうか。ここでは3つのポイントを見ていきます。

- ●'端''脇''裏'を生かす、様々な植物を育てる

池袋第二保育園
（東京都）

- ●子どもたちのアイディアから、場を創造していく

甲良東保育センター
（滋賀県）

- ●様々な道具や素材を取り入れる

大森西保育園
（東京都）

小スペースでの工夫

　予算や制度だけでなく、面積自体の小ささによりできることが限られているという場合もあります。特に都市部では遊びのスペースをいかに確保するかということが課題となっています。異年齢で共有することにも工夫が必要となってくるでしょう。
　ここでは以下3つのポイントを見ていきます。

- ●子どもにとっての時期に応じた、柔軟な環境設定
- ●季節による変化を意識
- ●空間の特性や子どもの発想を生かす
- ●組み合わせや高さ方向に工夫する

A保育所
（東京都）

しんじゅくいるま
こども園
（東京都）

予算や制度上の制約

'端' '脇' '裏' を生かす・様々な草花を育てて動植物と触れ合える環境を

　都会の真ん中にある公立園で、園庭もそれほど大きくはありません。そうした環境の中、園庭の'端'や'脇'、'裏'の空間を生かしたり、様々な草花を植えて虫などの小動物もたくさん訪れる'庭'へと育てていきました。
中でも背の低いかん木や草本は費用もかかりにくく、必要があれば撤去しやすいため、公立園では取り入れやすい環境です。プランターでの植栽は状況に応じて移動でき、また雑草は費用もかからない上に、地域に根ざした動植物と触れ合う機会になります。メインの園庭ではひらけたスペースに加えて、様々な遊び道具や素材を取り入れています。

> 東京都の都市緑化基金の助成を受けて3年間かけて少しずつ植物を増やしていきました。

園庭脇：「むしむしランド」

園庭脇の小空間を生かして動植物と触れ合う場所に。花壇用ブロックを活用して植栽床と通路を分けています。バッタやチョウなど小動物が訪れやすいように食草や環境（黄色紙）を工夫しています。発泡スチロールでの米作りやネットを利用した植栽も。夏には植物の力強さを感じられます。

自然化の過程や子どもたちの様子は、新聞にしたり保護者会で上映したりと、保護者も一緒に楽しめるよう情報共有や意見交換をしました。

園庭端：雑草やプランター

端っこスペースを生かしてプランターを置いたり雑草を植えたりと、園庭中で動植物と触れ合いやすくなっています。

園舎裏：「ふくろうの森」

物置倉庫を活用した遊び小屋。

メインの園庭から園舎裏につづく空間。子どもがバランス感覚をきたえられるよう、地面を凸凹に。

日当たりの少ない環境ですが、日陰に強い様々な植物を植え、緑豊かな環境になっています。

保育者より
動植物と触れ合う子どもたちの'つぶやき'が面白い！

豊島区立池袋第二保育園（東京都）

第3章 事例で考える園庭の質

子どもたち自身が自分の環境を考え、創造していく場所として

予算や制度上の制約

'園庭をもっと面白く、もっとチャレンジできるように' と、保育者だけでなく、子どもたちもグループでアイディアを出し合い（左）、提案しました（右）。
環境の制約がある場合でも、子ども参画など取り組み方を工夫することで園庭を楽しむことができます。

卒園まで時間ない！でも、秘密基地なら間に合ってぼくらも遊べる！空き家になっているウサギ小屋を自分たちの手で秘密基地にしたい！！

これから消毒予定だったウサギ小屋。子どもたちは「卒園までに」との思いから、「早くしてほしい」と園長先生に直談判。

↓ 子ども自身が

子どもたちの手で小屋を掃除し、みんなで考えた基地に向けて色を塗ったり、ノコギリ・トンカチで工作しました。
5歳児が中心となり、年齢の小さな子たちもその様子を見ながら、真似たり自分たちにもできることは一緒にしたりと、皆で力を合わせて進めました。子どもだけでできない部分は、バス運転手さんや地域の方が協力してくれました。

秘密基地完成！
竣工式ではカルピスで乾杯！

想いをつなぎたい！

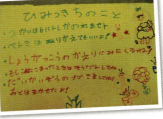

卒園式まで数日。描いた園庭のアイディアがまだまだあった5歳児さんは、4歳児さんへ想いを託そうと手紙を書きました。

↓ 受け継がれていく想い・活動

この一連の活動は、発案も実行もほとんど子どもたちが行い、保育者はサポートのみでした。

「蜜を吸える花畑」と「虫が集まって小さな子どもも草花あそびできる場所」も、新5歳児が引き継いで作成。花壇の枠は子どもたちが描きました。

甲良町立甲良東保育センター（滋賀県）

第3章 制約がある中での工夫 予算や制度上の制約・小スペースでの工夫

予算や制度上の制約

様々な道具や素材をとりいれ、主体的・創造的に遊べるように

可動遊具の専門家のアドバイスをきっかけにタイヤ、たらい、ウレタンブロック、風呂マット、風呂イス、布、丸太など多種多様な遊び道具や素材を用意しています。こうした環境のもと、子どもたちは様々な遊びを生み出し、その想像・創造は止まることなく展開していきます。道具や素材は、園庭を改変することが難しい場合でも取り入れやすく、低費用で実践できます。

素材・道具置き場
園庭中央に置くことで、園庭全体で創造的遊びが行いやすくなります。

水
水はたらいに張っておき(左)、各自容器に入れて必要な場所へ運びます。使った容器は洗い用たらいで(右)きれいに。

タイヤ群
並べられたタイヤ群では渡って遊んだり、1つ持ち出して遊び道具にしたり。タイヤ群は、ボール遊びなどひらけたスペースの仕切りにもなります。

タイヤアイランドでは、登ったり、集まったり、板と合わせてすべり台にしたり。

様々な素材・道具
風呂マットは重ねてタワーにしたり、立てかけて基地にしたり。既存遊具も基地遊びの一部になっています。布や容器類はごっこ遊びに欠かせません。

小さな子へも
小さな子もしゃがんで遊べるよう、低い台やたらいの砂遊び場が用意されています。

保育者の関わり方

子どもが主体的・創造的に遊べるように、環境設定に加えて、どう見守るか、どんな声かけをするかを職員間で常々話し合っています。

大田区立大森西保育園(東京都)

第3章 事例で考える園庭の質

小スペースでの工夫

時期に応じた柔軟な設定・季節による変化

長方形の園庭に、常設のプール（夏のみ使用）と非常用滑り台下の砂場が設置されています。
午前中のクラスごとの時間には近くのいろいろな公園や屋上も活用しています。
園庭の一角に、多様な経験を保障する場であり「ティックルゾーン」と呼ばれるスペースがあります。

ティックルゾーン（14年前に設置）

小石やウッドチップを置いて、タイルやプランターで囲ったスペース。ティックル（くすぐる）という名前の通り、手先や足裏の様々な感覚を感じることのできる場所として作られました。低年齢児が保育者の見守りのもとで安心して遊ぶ場所であり、年長児にとってもほっと一息ついたり、ごっこ遊びをしたりする場所になっていました。

最近の活用

- 4月に進級したばかりの2歳児にとって拠点となり、道具や小石などを使ってままごとを楽しんでいました。
- 裸足で出ることもでき、家や金魚の水槽があり、また職員の部屋の目の前で保育者が見ることができ、安心・安全の場になっています。

一方で、冬になると…

- 高い建物に囲まれているため、冬はほとんど日陰。じっくり遊ぶには寒く、動き回りたい子どもが多くいます。
- ティックルゾーンの付近は狭く、鬼ごっこ等でぶつかる危険がありました。思いっきり走ったりボールを投げたりしにくいため、運動量が保障しづらい状況でした。
- ままごと等の人数に限りがあり、トラブルの多発により遊びを満足して終わっていないという印象がありました。
- 設置から年数を経て保育者の入れ替わりがあり、使い方やルールが曖昧という声も出てきました。

→ 2018年秋、ティックルゾーンを「仮撤去」し、遊びのスペースを確保

コンテナやビールケースを近隣のお店にいただいて追加してみる。

今後…春にはまたティックルゾーンを復活。場所は検討中。

【現在】

- スペースを活用して縄跳びや大縄で遊ぶ／思いっきり走る欲求が満たされ、異年齢でリレーをする姿も。
- 仮撤去から1週間ほどで、年長の子どもたちが自分で場所をつくってままごとを始めました。2歳児も、ハウスやその周辺で自分たちでままごとをするようになりました。

ティックルゾーンでの経験が基盤にある→季節に応じて活かしたい

スペースが限られる場合は特に、保育の中で大切にしたい2つ以上のことが相反し合うこともあります。そのとき、子どもにとっての時期に応じた柔軟な設定を考えていくこともポイントになります。

A保育所

第3章 制約がある中での工夫　予算や制度上の制約・小スペースでの工夫

小スペースでの工夫

空間の特性や子どもの発想を活かす・組み合わせや高さ方向に工夫する

幅5m×奥行き20mほどの園庭ですが、空間の使い方を工夫し、子どもたちが楽しめる環境となっています。

細長い空間を生かす

細長い空間を生かし、遊具等の遊びスペースは片側に寄せられています。そのため、動的空間ができ、子どもたちは、かけっこや乗り物遊びを活発に楽しんでいます。こうした動的空間では、広い空間以上に走りたくなるのかもしれませんね。

動的空間にある壁や穴が、回遊性や隠れる楽しさを高めています。

複数の遊び環境を組み合わせる

複数の遊具を組み合わせた複合遊具（①）や、砂場＋段々型水遊び場＋台（②）と、遊び環境を組み合わせることで、小さなスペースでも、遊びがどんどんつながっていきます。

高さ方向で工夫する

水遊び場も台も様々な高さを組み合わせています。（②）子どもたちは上り下りを楽しんだり、台下に入って遊んだり、夏場は水を高いところから流したりしています。

近距離に小さな築山・デッキ・ベンチ・遊具・植栽ベッドが配置されています。（③）
小スペースゆえの距離の近さですが、子どもたちはこの環境を生かして、高鬼や飛び移り遊びをしています。

端を生かす

端っこのスペースを生かして、植栽ベッド（④）や、ちょっとした基地的おうち的空間（⑤）を設けています。細長い敷地に沿って設けた植栽ベッドが、ちょっとした林の中の小道のようになっています。基地的空間で、子どもたちは思い思いの発想で丸太を動かし遊んでいます。

社会福祉法人いるま保育会　しんじゅくいるまこども園（東京都）

第3章 事例で考える園庭の質

制約から考える工夫のポイントは？

空間や予算の制約がある中で経験を広げるために・・・

広げられる方向として、空間の使い方と、環境や活動の柔軟さといった2つの軸が考えられます。

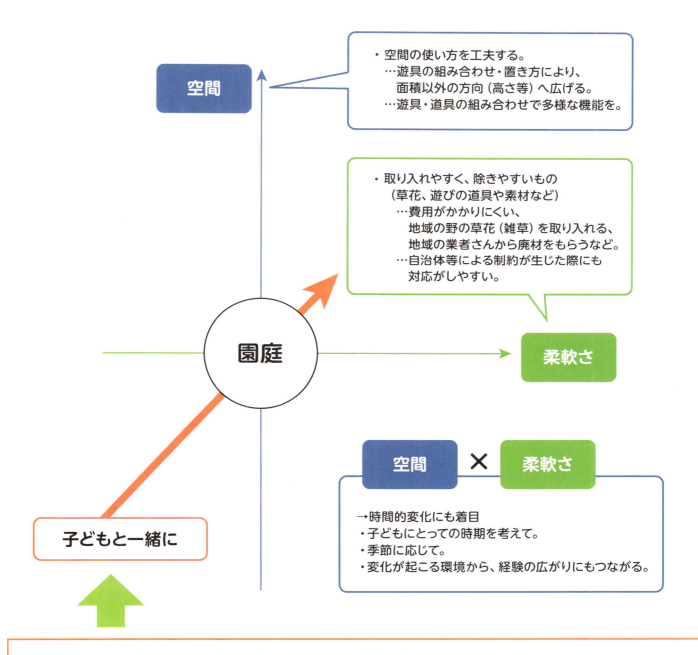

- ●園庭づくりのプロセスを、子どもと一緒に楽しむことも、経験の広がりへつながります。
- ●制約のある環境でも、そこで日々遊んでいる子どもの発想を取り入れていくことで、新たな遊びや活動が生じます。
- ●子ども自身が現在の環境でどのような工夫をして遊んでいるのか、それをさらに生かすにはどうしたら良いか、ということもヒントになります。

総括　より良い園庭環境に向けて…

改修前(p.91)
- 何らかのきっかけをもつ
- **現状、目標の共有**
- 実現のため、**知識**を得ていく
- **様々な話し合い**

改修中(p.92)
- **少しずつ/ひとつひとつ**
- **リスク**の明確化・対処・説明
- 園外とのつながり
- 時期や季節等、小さいスパンでの変化への視点

- 動き
- めあて・ねらい
- 出来事
- かかわり

改修後(p.93)
- **子どもの視点**から、**遊び方や使い方**を見直す
- **保護者**に現状を共有
- そのなかで、**園庭全体が以前と異なる見え方**に
- さらに次の可能性

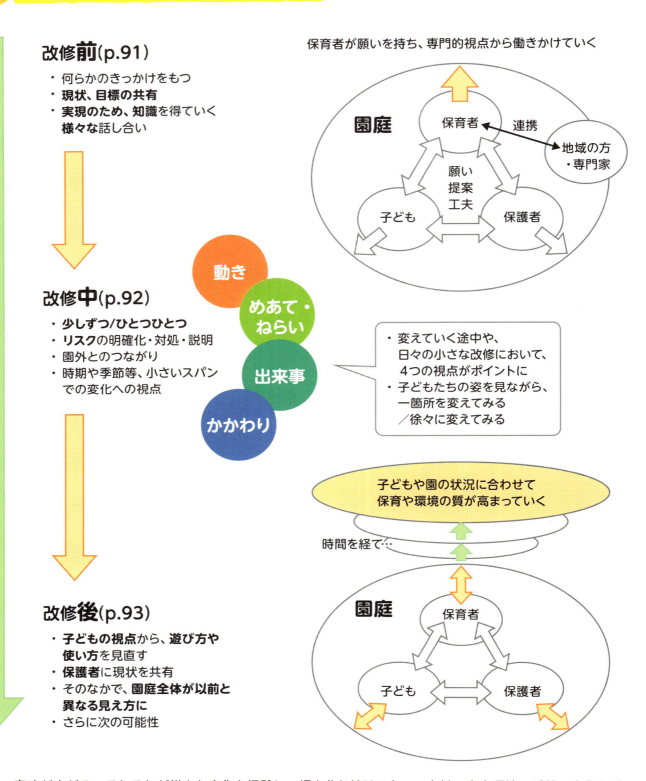

保育者が願いを持ち、専門的視点から働きかけていく

園庭／保育者／地域の方・専門家／連携／願い 提案 工夫／子ども／保護者

- 変えていく途中や、日々の小さな改修において、4つの視点がポイントに
- 子どもたちの姿を見ながら、一箇所を変えてみる／徐々に変えてみる

子どもや園の状況に合わせて保育や環境の質が高まっていく

時間を経て…

園庭／保育者／子ども／保護者

園庭のもつ意味が広がる。それぞれが様々な変化を経験し、場を作り続ける中で、素材、室内環境、季節の変化など多様な要素に目を向けていくようになり、地域という場も含まれてくる。

第3章 事例で考える園庭の質

未満児の環境・制約のある環境においては…

未満児の環境

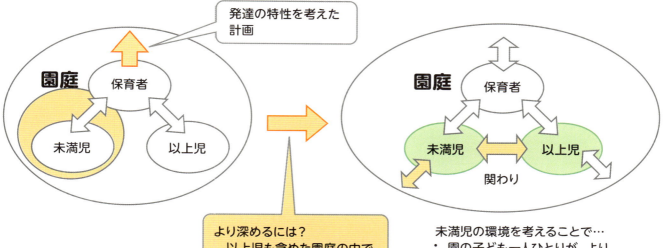

より深めるには？
以上児も含めた園庭の中で、どのように考えるか。
年齢だけでなく、一人ひとりに応じた環境とは。

未満児の環境を考えることで…
・園の子ども一人ひとりが、よりその時期の発達や興味関心に応じて活動できる可能性。
・異年齢での関わりを通して、お互いに高め合う可能性。

制約のある環境

課題（狭さ、資金部不足、環境改変しにくさ等）が目に入る。
→園庭での子どもの様子、環境の特徴を捉え直す。

制約を生かすには？
・空間の特性を生かす。
・柔軟に変えられるものを活用。
・子どもとともに変えていく。

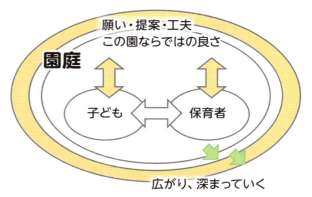

制約を生かすことで…
・子どもとともに（子どもの発想や姿から）考えた事柄を、大人も子どもも伝承し、その時期や状況に応じて発展させていく。
・「この園だからこそ（園らしさ）」の環境や活動が広がり、深まっていく。
・動的環境も活用

第3章 制約がある中での工夫 総括

コラム 国際的動向
～各国のガイドラインと先行研究から示された子どもの育ちと園庭環境～

　海外でも園庭をグラウンド中心型から子どもたちが自然と触れ合ったり、遊びや学びのある場所へ変えていこうとする動きが増えています。園庭のガイドラインを出す州や市など自治体も出てきています。
　日本の「幼稚園施設整備指針 園庭計画」では物理的環境を中心とした内容ですが、以下のような各国自治体では、園庭づくりへの子ども・保護者・地域住民の参画や、維持管理方法、資金への対策、リスクへの考え方も示されています。

表1. 各国自治体の指針で言及されている内容

	日本 幼稚園施設整備指針	アメリカ ノースカロライナ州	ドイツ ベルリン州	スウェーデン ウメオ市	カナダ トロント市
園庭の考え方	○	○	○	○	○
主な目標	自発的で創造的な活動 多様な自然体験 生活体験 人とのかかわり 環境との共生 家庭や地域との連携	健康	健康 自分や周りの世界の理解	心身の成長 学び 持続可能性	健康 ウェルビーイング
具体的な物理的環境	○	○	○	○	○
子どもの発達と 各物理的環境との関連		○	○	○	○
物理的環境の事例(写真)	○（施設環境を含めて5施設）			○	○
物理的環境の設置や 維持管理方法		○			○
園庭づくりの過程		○	○		○
計画設計への子ども参画			○		
施工や手入れへの子ども参画			○	○	○
園庭デザインへの子どもの 想いの反映		○	○	○	○
保護者や地域との協働		○	○		○
資金への対策		○	○		○
園庭の活用方法		○	○	○	○
子どもへの保育者の関わり方			○		
リスクへの考え方			○	○	○
保育現場からの声			○		
保育教育指針への関連	文科省幼稚園教育要領		ベルリン州の プログラム	国の指針	オンタリオ州の指針
環境配慮・持続可能性 への言及	○		○	○	○

日本
幼稚園施設整備指針

アメリカ
ノースカロライナ州

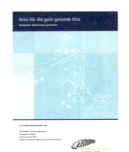

ドイツ
ベルリン州

スウェーデン
ウメオ市

カナダ
トロント市

第3章　事例で考える園庭の質

物理的環境のあり方を見てみると、日本の「幼稚園施設整備指針 園庭計画」で望ましい環境として挙げられている要素は、世界的に見ても充実した内容になっています。

表2. 園庭の物理的環境についての各国自治体の指針内容

	日本 幼稚園施設整備指針	アメリカ ノースカロライナ州	ドイツ ベルリン州	スウェーデン ウメオ市	カナダ トロント市
土・砂遊び場	○	○		○	○
水遊び場	○	○	○	○	○
築山・斜面	○	○ 予備要素として	○	○	○
菜園・花壇	○	○	○	○	○
草地（芝生・雑草）	○	○		○	○
樹木	○	○	○	○	○
樹木の重層性		○	○	○	○
自然保全エリア	○ ビオトープ	○ 植栽管理において生態系に考慮	園庭全体で意識	○	○
集う場所・くつろぐ場所	○	○		○	○
動物飼育	○	○ 予備要素として			
自由に遊べる素材・素材置き場	○	○		○	○
ひらけたスペース	○	○	○		
遊具	○		○ ブランコ，滑り台		
保護者が集う場所	○				
日よけ	○	○		○	○
入り口や柵	○ 生垣	○		○	○
配置：コーナーと回遊性	・園地全体の連続性	・10以上の遊びと学びのためのコーナー・回遊したりタイヤのある玩具を使える、ループやカーブ付き通路		・様々な大きさや素材から成る、複数の空間 ・メインの歩道＋様々な動きや体験ができるよう狭くしたり曲がりくねらせた小道	・多様なスペースが散在 ・スペースをつなぎ、園庭内を探索できる小道
その他					
小道		○		○	○
創作の場所（絵を描く、彫るなど）		○ 予備要素として		○	○
たき火場			○		
隠れられる場所		○（かん木やイネ科植物に対して）			○
サイン（植栽や場所の看板等）					○
その他	・環境に配慮した取り組み（太陽光を利用したモニュメント、雨水浸透トレンチなど）	・全身運動を行える環境	・舞台やひなだん型観客席	・運動と技能のための場所（障害物のある小道、ツル植物、登れる木、トンネルなど） ・空気を体験する場所（凧上げ、大きな石や密生したかん木・板塀などで囲まれた場所など）	・タイヤ

コラム　国際的動向

アメリカ　ノースカロライナ州　園庭ガイドライン

子どもの肥満防止など心身の健康に向けて、多様な環境が提案されています。
施設内でどのように環境改善を進めていくかや、資金調達についても提案されています。

©Natural Learning Initiative　（https://naturalearning.org/）　2019年秋ver.2出版予定

ドイツ　ベルリン州　園庭ガイドライン

保育・幼児教育において自然との関わりが重視され、園庭も近自然的にするよう示されています。ガイドラインでは保育者・保護者・研究者の対話による解説も多く取り入れられ、リスクと安全についての考え方も明記されています。

（注）ガイドライン上は写真がないため、ベルリン内の園庭の写真になります。

©Gute gesunde Kitas in Berlin　（http://gute-gesunde-kitas-in-berlin.de/）

第3章 事例で考える園庭の質

スウェーデン ウメオ市　園庭ガイドライン

子どもの心身の発達に加えて、民主的で持続可能な考え方や暮らしを身につけることを目指し、自然を生かした環境や集える環境が意識されています。
ガイドラインは、保育者・自治体・研究者・造園建築の専門家によるワークショップを通して作成されました。

©Umeå Kommun（https://www.umea.se/）

カナダ　トロント市　園庭ガイドライン

物理的環境と子どもの心身の発達、保育教育指針とが丁寧に紐づけられています。
また、サイン計画（看板など）や、施工の仕方についても詳しく書かれています。

©Evergreen（https://www.evergreen.ca/）

第3章　コラム　国際的動向

第4章
園庭について研修をしたい方へ

園庭調査研究グループでは、各園や団体等で、園庭に関する研修を実施しています。
ご希望のかたはentei.asobi2016@gmail.comまでお問い合わせください。例えば、以下のような内容・形があります。

内容
- ◆園庭における保育の質に関する、6つの観点全体についての研修
- ◆6つのうち特定のテーマに関する研修

- ◆その他、園庭環境に関する園固有のニーズに合わせた研修
 …「子どもの視点で園庭を見てみたい」「○○（特定の環境）の活用を考えたい」「安全について見直したい」など

形式 研究グループのメンバーによる概説に加え、研修を通して対話を深めていくためのお手伝いをします。
- ◆複数の園の方が参加される場合は、自園の希望や課題を出して話し合われる際のお手伝いをします。
- ◆園内研修・園内研究の場合は、園での子どもの様子をもとに園庭での遊びや環境について話し合われる際のお手伝いをします。

<6つの観点>
- 物理的環境、多様性指標
- 志向性の質（大切にしていることや理念）
- プロセスの質：ルール
- プロセスの質：子どもの経験
- モニタリングの質：情報共有
- コミュニティの質：保護者や地域

第4章　園庭について研修をしたい方へ

このような研修やワークショップ、研究支援を実施しています

1. 園内で：園全体で考えや視点を共有する・子どもの姿から環境や活動を考える

- 今後取り組んでいきたいことや課題を感じていることについて意見を出し合いました。
- 園庭での子どもたちの様子から、その思いや発想を話し合い、さらに広げて／深めていけるような環境や活動を考えていきました。

社会福祉法人心耕福祉会 幼保連携型認定こども園ひかりの森こども園（宮崎県）
社会福祉法人鳥山会 幼保連携型認定こども園とりやまこども園（群馬県）

2. 園をこえて：工夫や課題、想いを共有→自園をふりかえる・地域で協同する

- 園によって環境も活動も理念も様々です。このように多様な状況にある園が、戸外での保育について現状の工夫や課題、今後の希望について園を超えて話し合いました。

一般社団法人 宮城県私立幼稚園連合会（宮城県）
みやざき保育幼児教育センター（宮崎県）

ご感想をいただきました

- 意識していなかった点が、調査等からはっきり知ることができた。
- 普段、我々が気付くことのなかった子どものちょっとした遊びの発展を考察することで、保育の可能性、'園庭遊び'の可能性を今一度見つめ直すことができた。
- 園庭遊びをする時に子どもが様々な遊びを展開してくように保育者がどのように環境を構成していくかを考えさせられた。
- 他の保育者との話し合いで、自分とは違う考え、気付き、言葉かけなどを知り、勉強になった。
- 日頃、園からはなかなかお出になれない園長先生方に幼児教育の情報を伝えたく、また園内の質向上に取り組んでもらいたいと思いながらなかなか実行できずにいたが、Cedepの皆さんの研究が助け舟となった。

3. 子どもと：「好きな場所」や「こんなことしたい・こんな環境があったらいいな」を話し合おう

子どもたちに園庭や地域で「好きな場所」を撮影してもらい、好きな理由を聞かせてもらいました。子どもたちの視点や声が、環境づくりや活動へのヒントを与えてくれます。

4. 保護者と：考え方や想いを共有し話し合おう

子どもにとっての戸外の大切さや、安全などの考え方について園と共通理解をはかり、園庭の環境や活動についての希望も話し合いました。

社会福祉法人富山国際学園福祉会
幼保連携型認定こども園にながわ保育園（富山県）

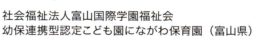

5. 研究支援

園で集積されてきた実践を科学的に考察し、その知見が園内で継承されるように、そして地域全体で共有できるようにと研究を始められました。この研究に当チームも支援させていただいています（進行中）。研究テーマは職員ワークショップを通して決めていきました。

大田区立 大森西保育園（東京都）

引用・参考文献

＜これまで当グループが報告・発表した文献＞

- 秋田喜代美・宮田まり子・佐川早季子・呂小耘・杉本貴代・辻谷真知子・遠山裕一郎・宮本雄太（2015）小学生の遊び観の分析：遊びに対するイメージと価値認識に着目して．東京大学大学院教育学研究科紀要 55, 325-346
- Sugimoto, T., Ikeda, S., Lu,X., Miyamoto, Y., Miyata, M., Sugawa, S., Toyama, Y., Tsujitani, M., & Akita, K.（2015）Children's perceptions of play: developmental continuity and sex differences in middle childhood. Oral Presentation at the 25th European Early Childhood Education Research Association. Barcelona, Spain.
- Miyata,M., Sugimoto, T., Ikeda, S., Lu,X., Miyamoto, Y., M., Sugawa, S., Toyama, Y., Tsujitani, M., & Akita, K.（2015）Children's Values of Play. Oral Presentation at the 25th European Early Childhood Education Research Association. Barcelona, Spain.
- 宮田まり子，辻谷真知子，宮本雄太，秋田喜代美（2016）子どもの遊び観の分析 - 遊びの動機と遊びに対するイメージに着目して -. 日本発達心理学会第 27 回大会．ポスター発表
- 宮本雄太・秋田喜代美・杉本貴代・辻谷真知子・宮田まり子（2016）幼児の遊び場の認識：幼児による写真投影法を用いて．乳幼児教育学研究 25, 9-21
- 宮本雄太・秋田喜代美・杉本貴代・辻谷真知子・宮田まり子（2016）幼児の遊び観：子どもの遊び場の認識に対する保育者の場の視点に注目して．国際幼児教育学会大会 第 37 回大会．口頭発表
- 杉本貴代・宮本雄太・宮田まり子・辻谷真知子（2016）幼児の遊び観（2）－4園の比較による検討－. 日本乳幼児教育学会第 26 回大会．口頭発表
- Tsujitani, M., Akita, K., Miyata, M., Sugimoto, T., & Miyamoto, Y.（2016）Early-Childhood Children's Value of Play. Oral Presentation at the 26th European Early Childhood Education Research Association. Dublin, Ireland.
- 石田佳織・辻谷真知子・宮田まり子・秋田喜代美（2016）園庭の実態と実践（1）．日本保育学会第 70 回大会．口頭発表
- 宮本雄太・秋田喜代美・杉本貴代・辻谷真知子・宮田まり子（2017）保育者が捉える幼児の遊び場の認識．国際幼児教育学研究 24, 59-72
- Akita, K., Miyamoto, Y., Tsujitani, M., Sugimoto, T., & Miyata, M.（2017）How Do Preschool Children and Teachers Recognize Their Playgrounds? Oral Presentation at Early Start Conference 2017. Wollongong, Australia.
- Miyamoto, Y., Sugimoto, T., Akita, K., Tsujitani, M., & Miyata, M.（2017）How Do Preschool Children Recognise Their Playgrounds? Oral Presentation at the 27th European Early Childhood Education Research Association. Bologna, Italy.
- 宮田まり子，秋田喜代美，辻谷真知子，宮本雄太（2017）園庭の実態と実践（5）－園の組織化に着目して－. 国際幼児教育学会第 38 回大会．口頭発表
- 杉本貴代・秋田喜代美・宮田まり子・辻谷真知子（2017）子どもは校内の好きな場所にどのような価値を見出しているか？―小学1年生対象の質問紙調査の試み―. 日本教育心理学会第 59 回総会発表論文集，508. ポスター発表
- 秋田喜代美・辻谷真知子・石田佳織・宮田まり子・宮本雄太（2017）園庭環境の調査検討：園庭研究の動向と園庭環境の多様性の検討．東京大学大学院教育学研究科紀要 57, 43-65
- 宮本雄太・秋田喜代美・杉本貴代・辻谷真知子・宮田まり子（2017）保育者が捉える幼児の遊び場の認識．国際幼児教育研究 24, 59-72
- 石田佳織・秋田喜代美・辻谷真知子・杉本貴代・宮田まり子・宮本雄太（2017）園庭の実態と実践（4）～改修のきっかけと維持の主体者～, こども環境学会 2017 大会．ポスター発表
- 辻谷真知子・宮田まり子・石田佳織・宮本雄太・秋田喜代美（2017）保育・幼児教育施設の園庭に関する調査～子どもの育ちを支える豊かな園庭とは？～. 東京大学発達保育実践政策学センター（Cedep）公開シンポジウム「人生のはじまりを豊かに」[http://www.cedep.p.u-tokyo.ac.jp//projects_ongoing/entei/ 最終閲覧 2019-4-09]
- 東京大学大学院教育学研究科附属発達保育実践政策学センター（Cedep）園庭調査研究グループ（代表研究者 秋田喜代美）編著　子どもの経験をより豊かに：園庭の質向上のための一工夫へのいざない．東京大学発達保育実践政策学センター（Cedep）, 2017
- Miyamoto, Y., Sugimoto, T., Akita, K., Tsujitani, M., & Miyata, M.（2017）'How Do Preschool Children Recognise Their Playgrounds?' Oral Presentation at the 27th European Early Childhood Education Research Association. Bologna, Italy.
- 石田佳織・辻谷真知子・宮田まり子・宮本雄太（2017）園庭の実態と実践（6）～工夫点記述から見える園庭情報の共有～. 日本乳幼児教育学会第 27 回大会 口頭発表．
- 秋田喜代美・石田佳織・辻谷真知子・宮田まり子・宮本雄太（2018）幼稚園施設整備指針と園庭調査を踏まえた屋外環境のあり方と自然．（公社）国土緑化推進機構 編著，森と自然を活用した保育・幼児教育，54-62. 風鳴舎
- 秋田喜代美・辻谷真知子・石田佳織・宮田まり子・宮本雄太（2018）園庭環境の調査検討：園庭研究の動向と園庭環境の多様性の検討．東京大学大学院教育学研究紀要 58, 43-65
- 宮本雄太・秋田喜代美・辻谷真知子・宮田まり子・石田佳織（2018）子どもの活動から捉える遊び場の機能の探究：保育に関与する者の役職・活動時間に着目して．こども環境学会 2018 大会．ポスター発表
- 石田佳織・秋田喜代美・辻谷真知子・宮本雄太・宮田まり子（2018）園庭における環境構成と使い方の実態～公私施設形態と面積による記述の相違の視点から～. 国際幼児教育学会第 38 回大会．口頭発表
- 辻谷真知子・石田佳織・宮田まり子・宮本雄太（2018）園庭におけるルールと価値観．日本乳幼児教育学会第 28 回大会．口頭発表
- Tsujitani, M., Akita, K., Ishida, K., Miyata, M. & Miyamoto, Y. 2018. Variations in Staff Viewpoints regarding Children's Outdoor Play in Japanese ECEC Playgrounds. Asia-Pacific Journal of Research：Vol.12（2），57-78.
- 辻谷真知子・秋田喜代美・宮本雄太・石田佳織・宮田まり子（2018）園庭大規模調査に基づくリーフレット作成と今後の展望．東京大学発達保育実践政策学センター（Cedep）報告
- Akita, K., Tsujitani, M., Miyamoto, Y., Miyata, M. & Ishida, K.（2018）Designing the Guideline Booklet to Improve the Quality of Japanese Playground. Oral Presentation at the *28th European Childhood Education Research Association.* Budapest, Hungary.
- Tsujitani, M., Akita, K., Miyamoto, Y., Miyata, M. & Ishida, K.（2018）D Japanese ECEC practices regarding playground rules and their relation with values shared in each centre. Oral Presentation at the 28th European Early Childhood Education Research Association. Budapest, Hungary.

- 石田佳織・秋田喜代美・宮本雄太・宮田まり子・辻谷真知子（2018）　保育・幼児教育における地域環境活用の実態．こども環境学会2018大会．ポスター発表
- 杉本貴代・秋田喜代美・宮本雄太・宮田まり子・辻谷真知子・石田佳織（2018）保育者は子どもの遊び場をどのように捉えているか？，日本保育学会第72回大会発表要旨集，586．ポスター発表．
- 杉本貴代・秋田喜代美・宮本雄太・宮田まり子・辻谷真知子・石田佳織（2018）遊び場に対する4〜5歳児の価値づけに影響を及ぼす諸要因の検討．第15回日本子ども学会総会　ポスター発表．
- 石田佳織・秋田喜代美・宮本雄太・宮田まり子・辻谷真知子　（2018）園庭における環境構成と使い方の実態．国際幼児教育学会第39回大会．口頭発表
- 宮田まり子，石田佳織，辻谷真知子，宮本雄太（2018）屋外環境における乳児保育（1）．日本乳幼児教育学会第28回大会．口頭発表
- 秋田喜代美・辻谷真知子・石田佳織・宮田まり子・宮本雄太（2019）園庭環境に関する研究の展望．東京大学大学院教育学研究紀要 59, 495-533
- 宮本雄太・秋田喜代美・辻谷真知子・宮田まり子・石田佳織（2019）子どもの活動から捉える園庭環境の探究：保育に関与する者の役職に着目して．こども環境学研究 vol.15（2），84-91．

＜その他 引用文献＞

第1章
- 秋田喜代美・淀川裕美（2016）「「保育プロセスの質」評価スケール――乳幼児期の「ともに考え、深めつづけること」と「情緒的な安定・安心」を捉えるために」明石書店
- 倉橋惣三　（1914）「保育入門（六）幼稚園教育と設備（上）」婦人と子ども 14（7）327-331
- Mansilla, V.B. & Birney, H. 2019 Global Environmental Stewardship: nurturing the dispositions that will help us live together better on Earth. Paper presentation at the 10th Poppins' Interantional Symposium on 10th June,The University of Toikyo.
- Mayall, B.（2002）Towards a Sociology for Childhood: Thinking from Children's Lives. Buckingham: Open University Press.
- OECD（2006）「Starting Strong Ⅱ」（pp.127-128）
- Qvortrup, J.（1994）Childhood matters: an introduction. In: Qvortrup, J., Bardy, M., Sgritta, G., Wintersberger, H., editors. Childhood Matters. Social Theory, Practice and Politics, European Centre, Vienna. Aldershot: Avebury, 1-24
- レイチェル・カーソン（1996）「センス・オブ・ワンダー」新潮社
- 仙田考（2016）「日本の園庭・校庭環境と自然」『国際校庭園庭連合 2018 年日本大会プレイベントシンポジウム』
- Tisdall, E. K. M.（2016）Participation, rights, and 'participatory' methods. The SAGE handbook of early childhood research. Thousand Oaks, CA: SAGE Publications, 73–88
- 続幼稚園教育学 / フレーベル著；荘司雅子，藤井敏彦共訳．母の歌と愛撫の歌 / フレーベル著；ヨハネス・プリューファー編；荘司雅子訳（フレーベル全集；第5巻）玉川大学出版部

第2章
- 張嬉卿・仙田満・大野隆造・仲綾子（2004）園庭におけるあそび行動よりみた遊具・広場計画に関する研究．ランドスケープ研究：日本造園学会誌 67（5），429-432
- Hayashi, A., & Tobin, J.（2015）Teaching embodied: Cultural practice in Japanese preschools. Chicago: University of Chicago Press.
- 井上美智子（2012）『幼児期からの環境教育―持続可能な社会に向けて環境観を育てる』．昭和堂（書籍では「自然〜人〜生活」と記載されているが、本書では「自然〜人〜暮らし」とした。）
- 笠間浩幸（2018）遊具「砂場」のソーシャル・イノベーション：砂場への「適切な砂」の標準化の試み．同志社政策科学研究 20（1），115-129
- 国土交通省（2014）都市公園における遊具の安全確保に関する指針（改訂第2版）．[https://www.mlit.go.jp/common/000022126.pdf 最終閲覧 2019-4-09]
- 国立研究開発法人国立環境研究所（2008）環境展望台環境技術解説．[http://tenbou.nies.go.jp/science/description/detail.php?id=92 最終閲覧 2019-07-30]
- 文部科学省（2018）幼稚園施設整備指針．[http://www.mext.go.jp/b_menu/shingi/chousa/shisetu/044/toushin/__icsFiles/afieldfile/2018/04/19/1402617_001.pdf 最終閲覧 2019-4-09]
- 中原淳・長岡健（2009）『ダイアローグ 対話する組織』．ダイヤモンド社
- 日本自然保育学会先行研究ワーキング（2018）幼稚園教育要領の5領域に合わせた先行研究．（公社）国土緑化推進機構 編著，森と自然を活用した保育・幼児教育，79-87．風鳴舎
- Sandseter, E. B. H.（2009）Characteristics of risky play. Journal of Adventure Education & Outdoor Learning 9, 3-21
- 向山陽子・大森美智子（2011）「幼稚園の自然環境」
- 甲斐徹郎＋チームネット（2004）『まちに森をつくって住む』．農文協

第3章
- Campbell, H.（2013）Landscape and child development: A design guide for early years-kindergarten play-learning environments. Evergreen, 2nded.
- Natural Learning Initiative Staff（2014）Outdoor Learning Environment Toolkit: Best Practice Indicators Natural Learning Initiative.
- Senatsverwaltung für Bildung, Jugend und Wissenschaft Berlin（2013）Grün für die gute gesunde Kita: Naturnahe Spielräume gewinnen ［http://gute-gesunde-kitas-in-berlin.de/fileadmin/downloads/gruen-fuerdie-ggK-leseprobe.pdf 最終閲覧 2017-09-21］
- 【園庭写真】保護者と子どもの保育所・幼稚園エネメネモペル／レーヴェンツァーン保育所・幼稚園／ AWO 保育所・幼稚園キンダーヴェルト／森の幼稚園アプフェルボイムヒェン（（公財）日本生態系協会企画「自然とのふれあいを大切にする ドイツの園づくりツアー 2017」にて撮影）
- Umeå Kommun（2010）Funktionsprogram för förskola: Umeå kommun［Umeå kommun. www.umea.se 最終閲覧 2017-09-21］

写真掲載園一覧
第1章・第2章

ご協力をありがとうございました

<北海道>学校法人美瑛青葉学園青葉幼稚園／学校法人星置学園認定こども園星の子幼稚園／社会福祉法人塩谷保育協会認定こども園あかつき保育園／学校法人近代学園幼保連携型認定こども園発寒にこりんこども園／学校法人創造の森学園札幌トモエ幼稚園

<新潟県>学校法人藤見学園認定こども園藤見幼稚園

<富山県>学校法人同朋学園同朋認定こども園／社会福祉法人秀愛会大沢野ちゅうおうこども園／社会福祉法人射水万葉会射水おおぞら保育園／社会福祉法人富山国際学園福祉会幼保連携型認定こども園にながわ保育園

<宮城県>社会福祉法人光の子児童福祉会第一光の子保育園

<茨城県>Kids Creation TSUKUBA

<埼玉県>社会福祉法人桜福祉会幼保連携型認定こども園こどものもり／学校法人アプリコット学園あんず幼稚園

<千葉県>学校法人千葉明徳学園認定こども園千葉明徳短期大学附属幼稚園／社会福祉法人千葉明徳会明徳土気保育園／習志野市立杉の子こども園／学校法人千葉花園学園穴川花園幼稚園／社会福祉法人わこう村和光保育園／学校法人めばえ学園めばえ幼稚園／社会福祉法人木更津大正会木更津社会館保育園／千葉市花見川区会

<東京都>学校法人安見学園板橋富士見幼稚園／学校法人みのり学園大森みのり幼稚園／学校法人彰栄学園彰栄幼稚園／大田区立大森西保育園／学校法人荒畑学園なおび幼稚園／学校法人渡辺学園東京家政大学／学校法人まきば学園まきば幼稚園／立正佼成会附属佼成育子園／学校法人同仁キリスト教ひやき学園同仁美登里幼稚園・同仁美登里保育園／学校法人草苑学園草苑幼稚園／渋谷区立渋谷保育園／豊島区立西巣鴨第三保育園／学校法人武蔵野東学園武蔵野東第二幼稚園

<神奈川県>学校法人捜真バプテスト学園認定こども園捜真幼稚園／学校法人渡辺学園港北幼稚園／学校法人調布学園幼保連携型認定こども園　田園調布学園大学みらいこども園／学校法人八木学園淵野辺ひばり幼稚園／社会福祉法人久らき母子福祉会くらき永田保育園／幼保連携型認定こども園ゆうゆうのもり幼保園／社会福祉法人ジャスティス池上愛育園／社会福祉法人共に生きる会川和保育園／学校法人山王台学園幼保連携型認定こども園山王台幼稚園・風の子こども園

<静岡県>社会福祉法人柿ノ木会大中里こども園／社会福祉法人柿ノ木会幼保連携型認定こども園野中こども園／静岡市立清水こども園／静岡市立安東こども園／静岡市立小黒こども園

<山梨県>社会福祉法人まみゆり会押原こども園

<愛知県>社会福祉法人得雲会青松こども園／風の子幼児園／学校法人雪見ヶ丘学園幼保連携型認定こども園井上幼稚園／学校法人吉田学園自然幼稚園（もりのようちえん）

<岐阜県>学校法人春日学園はなぞの幼稚園

<三重県>国立大学法人三重大学教育学部附属幼稚園／学校法人前島学園幼稚園型認定こども園和順幼稚園

<滋賀県>甲良町立甲良東保育センター

<京都府>社会福祉法人京都社会福祉協会紫野保育園／社会福祉法人京都さつき会さつき保育園／国立大学法人京都教育大学附属幼稚園・（公社）京都市獣医師会

<大阪府>学校法人ひじり学園認定こども園ひじりひがし幼稚園／社会福祉法人ゆずり葉会認定こども園深井こども園／学校法人たつみ学園ながいけ認定こども園／社会福祉法人よしみ会幼保連携型認定こども園泉北園／社会福祉法人夢工房夢の鳥保育園／社会福祉法人堺ひかり会幼保連携型認定こども園とみなみこども園／社会福祉法人友愛福祉会おおわだ保育園

<兵庫県>学校法人七松学園認定こども園七松幼稚園／学校法人小寺学園幼保連携型認定こども園はまようちえん／学校法人鈴蘭台学園認定こども園いぶき幼稚園／（旧）社会福祉法人吉見福祉会認定こども園吉見こども園／社会福祉法人みかり会幼保連携型認定こども園多夢の森

<愛媛県>社会福祉法人後世福祉会えひめ乳児保育園

<広島県>国立大学法人広島大学附属幼稚園／学校法人有朋学園かえで幼稚園

<福岡県>学校法人黒田学園きらきら星幼稚園／学校法人筑紫女学園筑紫女学園大学附属幼稚園／NPO法人ちいさいおうち認定こども園ちいさいおうち共同保育園

<宮崎県>学校法人吾田学園認定こども園あがた幼稚園／社会福祉法人心耕福祉会幼保連携型認定こども園ひかりの森こども園／社会福祉法人ひなた会　認定こども園日向なないろ保育園

<鹿児島県>学校法人橋口学園認定こども園吉田南幼稚園／学校法人白石学園幼保連携型認定こども園辻ヶ丘幼稚園／学校法人吉井学園認定こども園錦ヶ丘幼稚園／学校法人伊敷町学園認定こども園伊敷幼稚園

おわりに：これまでの報告について・今後の展望

1. リーフレット「子どもの経験をより豊かに」のアンケート結果

役に立つとされたポイントは？
- チェック項目、書き込み
- 1つずつ視点を絞って考えられる
- 事例や写真
- 一度には無理でも、ここなら…とイメージできる材料

課題・改善点は？
- 地域性に応じた内容
- 既存環境に制約があり、実践しにくいものも多い
- 園庭がない園で視点を持つことが難しい

園庭環境や面積が現時点で充分でない園においては、地域・保護者に関する視点や具体的な園の改修経過に関するコラムページを「役立つ」と評価する傾向も

今後への要望は？
- 可能な状況の中でできること・資金等について
- 保護者連携の過程や事例
- 地域活用についての調査
- 改善の過程をさらに提示

調査から見えてきた課題
- 園庭以外の戸外環境の使い方
- 発達に応じた環境という課題（未満児の環境、近隣環境の適否）

2. 進行中の調査研究と今後の展望

「屋外環境に関する調査」（2018年春）
- ✓ 園庭以外の園内の環境活用（テラスやベランダ、屋上等）について
- ✓ 園外の地域環境の活用について
- ✓ 上記に関わる情報共有のあり方等

「3歳未満児の戸外環境に関する調査」（2018年秋）
- ✓ 未満児園庭の状況や活用のあり方
- ✓ 地域環境の活用や出かける手段など
- ✓ 上記に関わる情報共有のあり方等

上記を踏まえ、様々な地域の状況を踏まえた戸外環境の活用について分析を行い、追ってご報告を進めていく予定です。

【謝辞】本プロジェクト一連の研究は、東京大学大学院教育学研究科附属 発達保育実践政策学研究センター（以下 Cedep）の運営事業費用（園庭調査）ならびに SEED プロジェクト経費により実施されました。執筆者以外に、研究の一部には愛知大学 杉本貴代さんの参加協力、東京大学 Cedep 野澤祥子さん並びに高橋翠さんの運営支援を得ました。また写真掲載園以外にも全国の数多くの園のご協力を得ましたことを、心からの謝意と共に記します。

おわりに・著者より一言ずつ

　園庭の研究に関わり始め、それを本共著者の仲間たちと、園の方々と共有することで、私の保育の世界が広がりはじめました。様々な園をうかがう一方で、日本で初めての全国調査をしたこと、園庭に関する諸文献を読み議論したことで、すばらしいモデル園紹介だけではない、足元からの改善可能性や必要性もまた強く感じました。それが、本著作成のきっかけになっています。

　狭い園や園庭のない園も、一方で広くりっぱな園でも、そこにはいろいろな工夫の余地が広がっていること、その実践の知恵をつなぐ一つの契機に本著がなればとてもうれしく思います。実際に園の試みを教えていただけばいただくほどに、ハードウェアとしての園庭環境とソフトウェアとしての環境構成、ヒューマンウェアとしての園のコンセプトや職員間の協働とつながりを感じるようになりました。子どもたちの笑顔があふれ、伸びやかな身体と心が弾む園庭や拡張された園庭としての地域が、どんなに時代が変わっても保障されることを願っています。本著がその羅針盤になったらうれしいです。

秋田　喜代美

　園庭や地域活用の調査研究を通して、全国の園の皆様からたくさんのことを学ばせていただいています。子どもの想いや動きを敏感に捉え、子どもたちへの願いを持って、実に細やかに園庭環境や活動を工夫される姿。子ども、保育者、保護者、地域の方々がつながられていく姿。こうした各園のご様子をうかがうたび、園庭や地域を生かした日本の保育・幼児教育の豊かさに感動しています。そして、全国各園の工夫や想いを日本中、世界中で共有していくことで、子どもたちの豊かな育ちを皆で支えていけるのではないかと感じています。本著がその一助となれれば幸いです。研究や書籍化にあたりご協力下さいました皆様、本当にありがとうございました。

　四季折々の自然を感じ、自分たちの手で自由に工夫できる'庭'だからこその園庭で、子どもも大人も一緒になって楽しんでいただけますよう願っています。

石田　佳織

　園庭に関する調査研究を通して、私にとって新たな世界が広がったように思います。園庭は私自身の幼少期にとっても特に暖かな思い出の場であり様々な感情を呼び起こしますが、この研究ではその環境の背景にある保育者の方々の思い、子ども独自の視点、人々の豊かな関わりなどから、多くのことを学ばせていただきました。同時に研究者としては、保育環境をより良くしていく必要性から、今後に向けてもたくさんの宿題をいただいたように思います。私自身の研究テーマでもある「ルール」と「価値観」に関しては、危険を防止することと子どもに多様な経験を保障することとの両立など、特に戸外の自由な遊びにおいて見られる保育者の方々の葛藤、そこから生まれた様々な工夫に触れました。それらをどのように書き表すのか、悩みながらの執筆となりました。日頃の実践の振り返りに、少しでもお役立ていただけましたら幸いです。この研究にご協力くださり、たくさんの貴重な視点をくださいました園の皆様に、心より感謝申し上げます。

辻谷　真知子

第4章 園庭について研修をしたい方へ

　このたび、多くの園関係者の方々のご協力のもとで、園庭の豊かさについて思いを深めることができましたこと、感謝申し上げます。調査を通して出会えた様々な取組み、また多くの方にご回答いただいた質問紙調査から、園庭や地域の戸外環境が子どもの育ちに担う役割や機能について改めて幾つもの気づきを得ることができました。

　例えば園庭には、自然物に代表されるような「多様」と「共通」が多く存在していました。子どもは戸外環境において、それを知るチャンスを得ていました。また園庭には広がりが期待できる場、「超える」場としての可能性がありました。園庭は、異年齢での使用による「クラスを超えて過ごす」場、さらに園から出かける時や保護者や訪問された方々が行き交う場、集う場として使用され、園庭を持たない園では、そこは街の中での様々な方々との出会いや家庭で過ごした環境との連続性が期待できる場であり、「園生活や園文化を超えてつながる」場であることを改めて実感しました。そしてその実現には、保育者による豊かな創意工夫がありました。

　これからもこの本を介して、更に多くの方々と様々に、豊かな戸外環境と子どもの育ちについて語り合えることを願っています。

宮田　まり子

　「園庭を意識するって難しい」という言葉をよく耳にします。しかし、お話を伺うと、異年齢の緩やかな交流、飼育動物との触れ合い、物理的な環境の配置・設定など「構造的な園庭環境への意識」が多方面に心配られていることに驚きます。また、園生活の中で起こる出来事をただ出来事として出会わせるのではなく、子どもが不思議に思う感覚やその経験を大切にし、一つ一つの出来事に子どもなりの意味付けしたものや価値付与したものを丁寧にすくい出す保育者の工夫など「子ども(同士)や保育者が紡ぐプロセスへの意識」もまた配慮されています。これらの何気ない気配り・一手間が園庭環境を豊かなものにしているのだと感じます。

　本書では、このような積み重ねが各園の園庭の文化を支え、育んでいることを、調査研究を介して知ることができました。園庭や屋外環境をどうしていくのか、それらのあり方を考える際、他園の状況や取り組みを知ることはとても有用です。本書にあるアイデアが、皆様の視野を広げ、園庭での実践をより豊かなものにするきっかけとなれば、大変嬉しく思います。最後になりますが、本調査にご協力いただいた皆様、素敵な声を届けてくださった皆様に、改めて感謝申し上げます。

宮本　雄太

園庭に関する質問紙調査の内容

＜実施概要＞
2016年11月〜2017年1月
協力園：全国の認定こども園・東京都5区の各施設
配布・回収率：全国の認定こども園 2,922園に配布、うち1,448園（49.6％）、
東京都5区（板橋区・大田区・千代田区・豊島区・文京区）573園配布、うち292園（51.0％）
園庭有無の内訳（東京都）：あり76％、なし24％

＜以下の構成で調査を実施しました＞
Part 1 園庭の状況について
　　…各環境の有無や特徴
Part 2 子どもの活動について
　　…環境で得られる子どもの経験、特徴、ルールへの関与、園庭に関わる人など
Part 3 取り組みや大切にしたいことについて
　　…情報共有の方法や頻度、大切にしたい育ちや経験など
その他の概要（面積・子どもが園庭で過ごす時間など）

第4章　園庭について研修をしたい方へ

付録：園庭・戸外環境についての振り返りシート
（研修等にお使いください）

> あなたの園の改善案を作成してみましょう。園環境は様々です。改善に向けてのポイントは、それぞれの園の環境を活かしていくことから考えることです。そのうえで、以下のステップで考えてみましょう（(1)(2)いずれでも、状況に応じてお使いください）。

（1）子どもの姿から考えていく改善

①（ある環境に着目して）そこでの子どもの様子は？

②何を感じている？楽しんでいる？

（例：築山では年の大きな子は、駆け上がったり下りたりしている。小さな子も、大きな子を見ながら一生懸命登っている。）

（例：スリル感やスピード、挑戦/真似る楽しさ。）

③それをさらに深める（広げる）具体的な改善案は？

環境は？

（例：築山の傾斜に、位置により緩急の差をつける。）

使い方やルールは？

（例：駆け下りた時に他の子とぶつからないように、子どもとルールを決める。）

保育者のかかわりは？

（例：大きな子が遊んでいる時に、小さな子も少人数で連れて行ってみる。）

（2）願いやねらいから考えていく改善

①子どもたちにどのようなことを経験して欲しい？

②そのために必要な場所、要素とは？

（例：様々な動植物に出会える環境。）

②そのための使い方、ルールとは？

（例：多様な物と出会う経験を。）

（例：子ども自身が試したり探索できる。）

③経験して欲しいことを実現させる具体的な改善案は？

環境は？

（例：虫が息づく雑草地をもうける。）

使い方やルールは？

（例：雑草地を育てるところから子どもと一緒に取り組む。）

保育者のかかわりは？

（例：自然について保育者が教えるのではなく、子どもの気付きや疑問が生まれた時に一緒に調べる。）

第4章　園庭について研修をしたい方へ

（3）課題や起きた問題から考えていく改善

①どのようなことが課題になっている、どのような問題が起きている？

②その環境や場所がもつ課題は？

（例：場所や道具の数が少ない/場所が狭い。）

（例：遊びの中で待ち時間が多い。）

②改善したい使い方、ルールとは？

（例：使い方の選択肢を広げる。）

③望ましい状況を実現させる具体的な取り組みは？

環境は？

（例：各々の関心に沿って選べるよう、多様な環境をもうける。）

使い方やルールは？

（例：子どもの思いやアイディアを止めている使い方やルールはないか、見直す。）

保育者のかかわりは？

（例：使い方を保育者が決めずに、安全性も含めて子どもと話し合う。）

著者紹介

秋田　喜代美
学習院大学文学部教授。東京大学大学院教育学研究科客員教授。博士（教育学）。専門は保育学、学校教育学。保育者の専門性と園づくり、そのための政策形成に関心を持っている。日本保育学会会長。内閣府子ども子育て会議会長。著書に『新保育の心もち』（ひかりのくに、2019年）『保育の質を高めるドキュメンテーション：園の物語りの探究』（中央法規、2021年）『保育をひらく「コミュニテイコーデイネーター」の視点』（フレーベル館、2021年）など。

石田　佳織
園庭研究所 代表。園庭や、持続可能な暮らしを考慮した子どもと自然とのかかわりについての研修やワークショップを行う。北海道大学理学部生物学科、九州芸術工科大学環境設計学科卒業。著書に『保育内容 環境』（分担執筆、みらい、2018年）『森と自然を活用した保育・幼児教育ガイドブック』（分担執筆、風鳴社、2018年）。

辻谷　真知子
お茶の水女子大学基幹研究院人間科学系助教。東京大学大学院教育学研究科博士課程修了。博士（教育学）。専門は保育学。保育における屋外環境、園の規範（決まり事やルール）、幼児の規範意識に関する研究を行っている。著書に『幼児が示す規範に関する検討』（単著、風間書房、2021年）、『保育内容　環境』（分担執筆、みらい、2018年）、共訳書に『「体を動かす遊びのための環境の質」評価スケール』（分担訳、明石書店、2018年）。

宮田　まり子
白梅学園大学子ども学部・白梅学園大学大学院子ども学研究科准教授。東京大学大学院教育学研究科博士課程修了。博士（教育学）。専門は、保育学。幼稚園や保育所に通い、保育観察や参加を続けながら、園内外の保育環境や保育者の専門性に関する研究を行っている。近著に『園における3歳児積み木場面の検討』（単著、風間書房、2019年）、『園づくりのことば：保育をつなぐミドルリーダーの秘訣』（共著、丸善、2019年）。

宮本　雄太
福井大学大学院連合教職開発研究科講師。東京大学大学院教育学研究科博士課程修了。博士（教育学）。専門は保育学。保育における子どもの視点、民主主義、幼児の集まり場面における自己表出と自己抑制を主体性とケア性の観点から研究を行っている。著書に『Chapter.3 The Exploration of 4-Year-Olds Potential: Focusing the Democratic Meeting During the Japanese Field Day. In F. Farini & A.Scollan (Eds). Children's Self-determination in the Context of Early Childhood Education and Services: Discourses, Policies and Practices.』（3章執筆、Springer、2019年）。共訳書に『「体を動かす遊びのための環境の質」評価スケール：保育における乳幼児の運動発達を支えるために』（分担訳、明石書店、2018年）。

STAFF
- 本文イラスト／Meriko
- 編集協力・校正／株式会社エディット
- 本文デザイン／クロコスタジオ
- 企画・編集／安部鷹彦・北山文雄

本書のコピー、スキャン、デジタル化等の無断複製は著作権法上での例外を除き禁じられています。本書を代行業者等の第三者に依頼してスキャンやデジタル化することは、たとえ個人や家庭内の利用であっても著作権法上認められておりません。

園庭を豊かな育ちの場に

2019年8月　初版発行
2022年7月　第4版発行

著　者　秋田喜代美・石田佳織・辻谷真知子・宮田まり子・宮本雄太
発行人　岡本 功
発行所　ひかりのくに株式会社
　〒543-0001　大阪市天王寺区上本町3-2-14
　TEL06-6768-1155　郵便振替 00920-2-118855
　〒175-0082　東京都板橋区高島平6-1-1
　TEL03-3979-3112　郵便振替 00150-0-30666
　ホームページアドレス　https://www.hikarinokuni.co.jp
印刷所　図書印刷株式会社

©2019　乱丁、落丁はお取り替えいたします。

Printed in Japan
ISBN978-4-564-60936-7
NDC376　128P　26×21cm